Walter-Raymond-Stiftung

Kleine Reihe · Heft 50

Thomas Petersen

Volonté générale und Volonté particulière

Konsens, Konflikt und Kompromiß in der Demokratie

Wirtschaftsverlag Bachem Köln

CIP-Titelaufnahme der Deutschen Bibliothek

Petersen, Thomas:

Volonté générale und volonté particulière : Konsens, Konflikt
und Kompromiss in der Demokratie / Thomas Petersen. – Köln :
Wirtschaftsverl. Bachem, 1991
  (Kleine Reihe / Walter-Raymond-Stiftung; H. 50)
  ISBN 3-89172-208-7
NE: Walter-Raymond-Stiftung: Kleine Reihe

Alle Rechte bei der Walter-Raymond-Stiftung
1991
Wirtschaftsverlag Bachem Köln
Gesamtherstellung: Druckerei J.P.Bachem, Köln
Printed in Germany
ISBN 3-89172-208-7

Inhalt

Vorwort

Der Zusammenbruch kommunistischer Staaten und Gesellschaften in Osteuropa hat auch eine Theorie widerlegt, die den Anspruch erhebt, wissenschaftlich begründete Anleitungen zum praktisch-politischen Handeln zu geben. Man fragt nach den Wurzeln dieser Theorie und nach der Zwangsläufigkeit der Entwicklung. War alles schon bei Marx angelegt, oder begann die totalitäre Entartung mit Lenin oder gar erst mit Stalin? Oder muß weiter zurückgegangen werden? Rousseau und Hegel werden von nicht wenigen als Ahnherren kommunistischer Zwangsherrschaft gesehen, und als Belege dafür gelten die Begriffe der „volonté générale", die Idee des „allgemeinen Wohls" und die Lehre vom Staat als „Wirklichkeit der sittlichen Idee".

Petersen fragt nach der Vereinbarkeit dieser Gedanken mit der Einsicht, daß Kompromiß und Konsens unverzichtbare Elemente freiheitlicher Politik sind, und er bezieht in diese Betrachtungen Habermas' Konsens- und Diskurstheorie ein.

Das vorliegende Heft faßt drei Vorträge zusammen, die der Autor am Alfred-Weber-Institut für Sozial- und Staatswissenschaften der Universität Heidelberg gehalten hat.

Arno Krüger

Volonté générale
und Volonté particulière

Konsens, Konflikt und Kompromiß
in der Demokratie

In den letzten Jahren hat sich in der politischen Philosophie und den Sozialwissenschaften in der Bundesrepublik, angestoßen durch die Atomenergie- und Ökologiedebatte, eine Diskussion um die Grundlagen der Demokratie entwickelt, worin der Begriff des Konsensus eine zentrale Rolle spielt. Mit dieser Diskussion und der Funktion, die der Konsens in der Politik einnimmt, beschäftigt sich dieser Aufsatz. Ausgehen wird er dabei vom Terminus „volonté générale", weil die in Deutschland gängige, maßgeblich durch die Arbeiten Jürgen Habermas' bestimmte, Auffassung von „Konsens" implizit an diesen Begriff anknüpft und ohne ihn nicht ganz zu verstehen ist.

Einen Begriff des Konsens hat auch die ökonomische Theorie der Politik, die Public-Choice-Theorie, entwickelt. Er ist unter dem Titel „Einstimmigkeitsregel" oder „unanimity rule" geläufig und wird etwa von Buchanan/Tullock auf die Ebene der Konstitution oder Verfassung eines Staates bezogen. Dies allerdings scheint auch schon die einzige Gemeinsamkeit zu sein, die die unanimity rule mit demjenigen Konsensbegriff aufweist, der hier behandelt werden soll. Denn die ökonomische Theorie des Public Choice sieht sich in einem scharfen Gegensatz zu dem, was Buchanan/Tullock den „classical approach of the political sciences" nennen. Und zwar nicht nur, weil sie sich als eine „hypothetisch-deduktive Theorie" (Harsanyi, S. 51) versteht, die ihren Wert an ihren prognostischen Fähigkeiten mißt. Unvereinbarkeit wird bereits in den Grundbegriffen und -axiomen gesehen.

Demgegenüber soll hier gezeigt werden, daß Public-Choice-Theorie und die philosophische Theorie des Konsens sich nicht wechselseitig ausschließen müssen, wenn auch keine nahtlose Übereinstimmung zwischen beiden besteht. Schließlich soll mit Hegels Rechtsphilosophie ein Konzept politischer Theorie vorgestellt werden, das zur ökonomischen Theorie der Politik nicht schlechter paßt als die Gesellschaftsvertragslehre, zu der etwa Buchanan/Tullock eine besondere Affinität ihres eigenen Ansatzes sehen (Buchanan/Tullock, etwa S. 318).

Im Interesse dieses Ziels möchte ich vorab auf einige Vorbehalte der Public-Choice-Theorie gegen die klassische politische Philosophie eingehen. Diese Vorbehalte richten sich im besonderen gegen den Begriff der volonté générale und lassen sich im wesentlichen in drei Punkten zusammenfassen.

1. Buchanan/Tullock (S. 324) wenden sich gegen den Willensbegriff überhaupt, weil der Wille anders als Interessenpräferenzen oder „Nutzengewichte" (Harsanyi, S. 57) nicht quantifizierbar ist. Dieser Vorbehalt ist jedoch unproblematisch; daß eine ökonomische, quantifizierende Theorie nicht mit dem Willensbegriff arbeiten kann, spricht noch nicht dagegen, daß die politische Philosophie ihn verwendet.

2. Ein schwerwiegenderer Einwand richtet sich gegen die „volonté générale", insofern ihr Gegenstand das „öffentliche Interesse" ist. Eine mit diesen Begriffen operierende politische Theorie gelange zu phantastischen Annahmen über menschliches Verhalten und zu einer Mo-

ralisierung der Politik. Sie müsse unterstellen bzw. fordern, daß das Individuum als politisches Subjekt selbstlos und nur dem Gemeinwohl verpflichtet handle, „that the individual must somehow shift his psychological and moral gears when he moves between the private and the social aspects of life" (Buchanan/Tullock, S. 20).

So sehr diese Bedenken gegen eine Moralisierung der Politik verständlich und berechtigt sind, der Begriff der volonté générale muß solche Implikationen keineswegs haben. Zwar sind etwa Rousseau und Habermas derartigen Moralisierungstendenzen erlegen, doch das nicht deshalb, weil sie explizit oder implizit mit einem Begriff von volonté générale arbeiten, sondern weil sie keine adäquate Theorie von Institutionen entwickeln.

3. Die Ablehnung der „volonté générale" findet schließlich ihren Grund im „methodologischen Individualismus" (Buchanan/Tullock, S. VI) der ökonomischen Theorie der Politik. Das Individuum ist die „decision-making unit". Somit sind das Individuum, seine Interessen und Handlungen erster und letzter Bezugspunkt der Theorie. Alle Begriffe von Gemeinschaft oder „collectivity" sind demgegenüber nachrangig und abgeleitet: „Collective action must be, under our postulate, composed of individual actors" (Buchanan/Tullock, S. 3). Damit verträgt sich die Konzeption von Gemeinschaft oder Staat als „some *überindividuell* entity" nicht, die von einem „mystical general will" bestimmt sein soll (Buchanan/Tullock, S. 12).

Der „methodologische Individualismus" muß, weil er nicht nur keine „überindividuelle Wesenheit", sondern überhaupt keine überindividuellen Prinzipien anerkennt, das Individuum als nutzenmaximierend, als „utility-maximizer", verstehen. Dabei ist es ein Vorzug der

Public-Choice-Theorie, daß sie das utilitaristische Konzept nicht im Rahmen der engen Fixierung an das egoistische Selbstinteresse beläßt: Auch ein Individuum mit altruistischen oder moralischen Zielen kann sich hinsichtlich dieser Ziele nutzenmaximierend verhalten. Trotzdem, das soll im folgenden deutlich werden, reicht auch das erweiterte utilitaristische Konzept nicht als Basis einer umfassenden Theorie der Politik aus. Der Begriff der volonté générale trifft dagegen ein entscheidendes Moment in der politischen Willensbildung, das sich nicht auf ein marktanaloges Handeln von Individuen reduzieren läßt.

1. Die „volonté générale"

1.1 Der Begriff des allgemeinen Willens

Die Begriffe „volonté générale" und „volonté particulière" hat Jean-Jacques Rousseau in den politischen Sprachgebrauch eingeführt. Er hat diese Begriffe freilich nicht selbst erfunden; sie stammen vielmehr aus der französischen Philosophie des 17. Jahrhunderts. Dort bedeutete „volonté générale" den Willen, der sich auf ein bestimmtes Ziel richtet, während die volonté particulière die Mittel will, die notwendig sind, dieses Ziel zu erreichen. Erst Rousseau jedoch gibt den Begriffen in seiner Schrift vom Gesellschaftsvertrag („Du Contrat Social") einen eindeutig politischen Sinn. Die volonté particulière ist für Rousseau der Wille des einzelnen, der seine privaten Zwecke und Interessen verfolgt, die volonté générale dagegen der Wille aller, oder besser: der Wille eines politischen Ganzen, des Staates oder des Volkes. Diese Bedeutung haben die beiden Begriffe bis heute behalten.

Diese Definition von „volonté générale" und „volonté particulière" ist die gängigste und die elementarste. Doch kann sie leicht mißverstanden werden: Denn ob ein Wille allgemeiner oder besonderer Wille ist, hängt – zumindest nicht unmittelbar – davon ab, ob er der Wille eines oder mehrerer einzelner oder der Wille aller ist. Entscheidend ist der *Inhalt* oder Gegenstand des Willens. Er ist bei der volonté particulière wesentlich *privat*. Der Inhalt der volonté particulière ist das, was ein einzelner oder eine Gruppe von einzelnen ausschließlich für sich will. Wenn jemand in einem Haus im Grünen, abseits des Verkehrslärms, in guter Luft und mit unverseuchtem Grundwasser leben möchte, ist das seine volonté particulière. Setzt er sich jedoch für Wasser- und Luftreinhaltung sowie für die Verminderung des Straßenverkehrs ein, ist das nicht seine volonté particulière – selbst wenn er der einzige sein sollte, der so etwas tut.

Auf der anderen Seite wird aus einer volonté particulière auch dann keine volonté générale, wenn alle in ihrer volonté particulière übereinstimmen, alle also nach jener begehrenswerten Wohnlage streben. Auch dann nämlich wollen alle jeweils nur etwas *für sich*, und die einzelnen volontés particulières ergeben zusammen nur eine *volonté des tous*. Die volonté des tous ist die Summe der volontés particulières oder ihr „Durchschnitt" – wenn man etwa sagt, „Alle Bundesbürger wollen durchschnittlich drei Wochen ihres Urlaubs im Ausland verbringen".

So wie das Kriterium der volonté particulière die Privatheit ihres Gegenstandes ist, muß der Gegenstand der volonté générale stets allgemein sein, d. h., die volonté générale bezieht sich immer auf das politische Ganze. Für Rousseau äußert sich die volonté générale daher nur in der Form eines Gesetzes, das – im Idealstaat des „Contrat Social" – von allen beschlossen wird. Das eigentliche Kriterium der volonté générale ist also die Formbestimmung ihres Gegenstandes, nicht das Motiv desjenigen, der diesen Willen hat. Ob diejenigen, die sich auf einen allgemeinen oder gemeinsamen Willen einigen, dabei nur auf ihren eigenen Nutzen bedacht sind oder allein an das Gemeinwohl denken, ist zunächst ohne Belang.

Zweck und Inhalt der volonté générale ist nach Rousseau das bien commun oder bien général, das allgemeine Gute oder Beste. So ist die volonté générale der Wille, der das allgemeine Beste will. Man kann demnach einen *formalen* und einen inhaltlichen oder *substantiellen* Begriff der volonté générale voneinander unterscheiden. Formal bedeutet „volonté générale" das staatliche Gesetz, inhaltlich ist die volonté générale der Wille, der das allgemeine Interesse, das bien public oder bien commun zum Zweck hat. Dieser substantielle Begriff der volonté générale ist der eigentlich problematische, an dem sich die Geister scheiden.

Der kritische Punkt ist dabei Rousseaus Überzeugung, daß das allgemeine Interesse oder das „allgemeine Beste" ein Gegenstand des Erkennens und Wissens ist. Worin also das allgemeine Beste besteht, ist prinzipiell erkennbar, mag auch faktisch darüber gestritten werden. Dieser Streit ist nämlich für Rousseau ein Streit um die *Wahrheit*, nicht um gegensätzliche Interessen. Wo es aber um Wahrheit, Wissen und Erkennen geht, ist auch der Irrtum möglich. Rousseau drückt das in einem Wortspiel aus: „On veut toujours son bien, mais on ne le voit pas toujours." („Contrat Social", Buch II, Kapitel 3) Weil aber die volonté générale der Wille ist, der dieses allgemeine Beste notwendig will, kann sie selbst niemals irren

14

(Buch II, Kapitel 4), nur das Volk kann sich über sie täuschen. Die volonté générale ist deshalb darauf angelegt, vom bloß erscheinenden Willen aller unterschieden zu werden. Jeder kann sich über seinen wahren Willen irren. Während „volonté particulière" ein empirischer Begriff ist, kann man die volonté générale als einen *metaphysischen* oder normativen Begriff bezeichnen; sie meint nicht das, was alle wollen, sondern was sie vernünftigerweise wollen *sollten*.

1.2. Die Kritik am substantiellen Begriff der volonté générale

Der substantielle Begriff der volonté générale ist nicht nur für Buchanan und Tullock ein Unding, an ihm nehmen auch zahlreiche Staatsrechtslehrer und politische Theoretiker Anstoß. Ihre Kritik richtet sich dabei in erster Linie gegen den Begriff des bien commun, das „allgemeine Beste". Die Idee des allgemeinen Besten als Zweck der volonté générale sei nicht nur eine Fiktion, sondern mit der modernen, parlamentarischen Demokratie schlechterdings unvereinbar. Diese These wird mit dem Hinweis auf den Interessenpluralismus der modernen Gesellschaft begründet. Unterschiedliche Interessen konkurrieren miteinander und geraten, vor allem wenn sie organisiert auftreten, miteinander in Konflikt. Deshalb sagt etwa Badura, „daß die demokratische Gesetzgebung auf Interessenausgleich und Konfliktregulierung angelegt ist" (Badura, S. 119), und Kelsen nennt die Demokratie „die politische Form ... des Ausgleichs der Gegensätze, der gegenseitigen Verständigung auf einer mittleren Linie" (Kelsen, S. 64, vgl. auch S. 66 f.). Von der volonté générale kann demnach nur in formalem Sinn gesprochen werden. Sie ist nur das Gesetz, dem die staatliche Gewalt Geltung verschafft. Die Substanz des Gesetzes ist dagegen der Ausgleich partikularer Interessen und damit eine Form der volonté des tous: ein „Kompromiß oder pluralistisches Abkommen". (Badura, S. 116; vgl. Kelsen, S. 64) Ein Kompromiß kann jedoch nur gut oder schlecht, vorteilhaft oder unvorteilhaft sein, aber nicht wahr oder falsch. Er ist deshalb etwas ganz anderes als Rousseaus bien commun, das man erkennen und über das man sich irren kann (vgl. hierzu etwa Buchanan/Tullock, S. 4).

Wenn sich so das „bien commun" mit der modernen Demokratie nicht verträgt, dann erscheint es konsequent, den darauf beruhenden substantiellen Begriff der volonté générale zu verwerfen. Denn dieser Begriff ist dann nicht nur untauglich, sondern sogar schädlich und gefährlich. Das „Allgemeininteresse" kann gegen den Interessenpluralismus der Gesellschaft ausgespielt werden und die Zerstörung der „gesellschaftlichen Autonomie" (Badura, S. 123) begünstigen. Vor allem erweckt es Bedenken, daß Rousseau die volonté générale vom empirisch erscheinenden Willen aller unterscheidet. So kann die „volonté générale" insbesondere machtgierigen Intellektuellen zur Rechtfertigung ihrer Diktatur dienen, die diese unter Berufung auf die – natürlich nur von den Diktatoren selbst zu erkennenden – „wahren Interessen des Volkes" ausüben.[1]

Diese Kritik am Begriff der volonté générale und an Rousseau ist nicht unberechtigt. Denn im Idealstaat des „Contrat Social" ist die Herrschaft der volonté générale mit der Unterdrückung und Ächtung der volonté particulière erkauft. Nur die Sorge um das Gemeinwohl darf die Herzen der Bürger erfüllen („Contrat Social", Buch

16

III, Kapitel 2). Die volonté générale ist die Freiheit schlechthin, während der nur seinen eigenen Interessen folgende Bürger unfrei ist. Zwingt man ihn, diesen Interessen zu entsagen, so erweist man ihm nur eine Wohltat: Ihn zur Befolgung des Gemeinwillens zu zwingen, heißt nichts anderes, als ihn zur Freiheit zu zwingen: „ce qui ne signifie autre chose sinon qu'on le forcera d'être libre" (Rousseau, 364). So hat Rousseau durchaus Robespierres „Despotismus der Freiheit" während der Französischen Revolution mit vorbereitet und überhaupt durch seine feinsinnige Unterscheidung von „erscheinenden" und „wohlverstandenen" Interessen eine Praxis inspiriert, in der intellektuelle Eliten im Namen der Freiheit oder der „wahren Volksinteressen" eine diktatorische Herrschaft ausüben.[2])

1.3. Die Bedeutung der volonté générale in der Politik

1.3.1. Das „allgemeine Interesse"

Mir scheint indes die Kritik an der volonté générale, die die pluralistische Gesellschaft gegen totalitäre oder „fundamentaldemokratische" Ansprüche verteidigen möchte, übers Ziel hinauszuschießen. Daß der „Kompromiß … ein Lebenselement des Parteien- und Verbändestaates" ist (Badura, S. 130), wird man nicht bestreiten können, wohl aber, daß er das einzige ist. Ein Kompromiß ist auch bei ursprünglich vollständiger Interessenkonkurrenz möglich, aber der Staat kann nicht aus Gruppen bestehen, die ihr eigenes Wohlergehen notfalls auf den Untergang ihrer Konkurrenten gründen würden. Auch das Prinzip der Mehrheitsentscheidung wäre in diesem Falle nicht zu rechtfertigen, weil es der Mehrheit erlaubte, die

Minderheit zu unterdrücken, auch wenn diese die Chance behielte, bei der nächsten politischen Wahl selbst zur Mehrheit zu werden und den Spieß umzudrehen.

Carl Schmitt hat darauf aufmerksam gemacht, daß die „gleiche Chance politischer Machtgewinnung" die Minimalvoraussetzung jedes parlamentarisch-demokratischen Staatswesens bildet, die niemals zur Disposition stehen darf (Schmitt [1968, S. 30ff.]). Zum Wesen des Kompromisses aber gehört, daß prinzipiell über alles verhandelt werden kann. Doch dem Kompromiß ist in der Regel im demokratischen Staat noch mehr entzogen; das Grundgesetz der Bundesrepublik Deutschland etwa legt die Beachtung der Menschenrechte und die Erhaltung des „demokratischen und sozialen Rechtsstaates" als für die Gesetzgebung verbindlich fest. Das heißt natürlich nicht, daß ein Gesetz nicht einen Kompromiß partikularer Interessen zum Ausdruck bringen kann, und sicher ist es richtig zu sagen, ein Gesetz könne keine Anerkennung gewinnen, wenn es „nicht auch eine innere Verbindung mit den großen und dauernden Bestrebungen und Vorstellungen der Gesellschaft aufwiese." (Badura, S. 120) Trotzdem muß man unterstellen, daß bei jedem politischen Willen ein allgemeiner Zweck mitintendiert ist, nämlich die Grundrechte zu wahren und die demokratische Struktur des Staates sowie den Rechtsstaat zu erhalten.

Man kann diesen allgemeinen Zweck als Minimalbestimmung des Allgemeininteresses ansehen. Dieses Interesse läßt sich nun folgendermaßen definieren: a) In formaler Hinsicht hat das Allgemeininteresse als das Interesse der volonté générale einen Gegenstand, der alle angeht oder sich auf das soziale und politische Ganze bezieht. b) Inhaltlich geht das Allgemeininteresse aa) auf allgemeine

Güter; auf der Verfassungsebene wird ein solches Gut als „Staatszielbestimmung" kodifiziert.[3]) Weiter hat bb) das Allgemeininteresse die Erhaltung des sozialen und politischen Ganzen sowie der Grundrechte zum Ziel, und cc) muß dasjenige, was im Allgemeininteresse liegt, zugleich *gerecht* sein. Letzteres bedeutet dabei insbesondere, daß Bevorzugungen oder Benachteiligungen einzelner Gruppen in bezug auf das Wohl des Ganzen gerechtfertigt werden müssen.

Aus dieser Definition erhellt, daß es sich beim Allgemeininteresse nicht um eine zufällige Aggregation ebenso zufälliger Präferenzen handeln kann.[4]) Das Allgemeininteresse muß vielmehr in einer näher zu bestimmenden Weise vernünftig sein. Es erhält damit ein Moment innerer Notwendigkeit und wird dadurch erst zu einem allgemeinen Interesse, das jeder haben kann, unabhängig von seiner besonderen Lage, die ihn von den anderen unterscheidet. Jeder, der das Allgemeininteresse zu formulieren versucht, wird damit unterstellen, daß auch alle anderen dieses Interesse vernünftigerweise haben müßten – freilich unter dem Vorbehalt, daß er etwa durch Diskussion eines Besseren belehrt wird.

1.3.2. *Volonté générale und partikulare Interessen*

In der politischen Willensbildung spielen also unterschiedliche Prinzipien eine Rolle: einmal das Aushandeln eines Kompromisses zwischen Partikularinteressen oder volontés particulières und andererseits die Verwirklichung des Allgemeininteresses in der volonté générale. Stehen aber diese Prinzipien gleichberechtigt nebeneinander? Das tun sie offenbar nicht, vielmehr hat die volonté générale in diesem Verhältnis den Primat. Denn die Logik der öffentlichen politischen Auseinandersetzung ist nicht die des Verhandelns, des Aushandelns von Kompromissen, sondern die Logik des Streits darum, was das Allgemeininteresse ist, und darum, was als das Richtige zu tun ist. Kompromisse zwischen partikularen Interessen müssen sich in bezug auf dieses Allgemeininteresse rechtfertigen lassen. Besonders der, der einen gesetzlich festgeschriebenen Kompromiß zu seinen Gunsten verändern will, muß zeigen können, daß eben diese Veränderung im Allgemeininteresse liegt. Denn er kann in der Regel nur mit zwei Argumenten zu erreichen versuchen, bessergestellt zu werden. Entweder kann er behaupten, die Besserstellung komme letztlich allen zugute (so haben z.B. Unternehmen steuerliche Erleichterungen mit der Begründung verlangt, daß dadurch Wirtschaftswachstum und somit Wohlstand und die Schaffung von Arbeitsplätzen begünstigt werde), oder er kann andererseits sagen, durch die Besserstellung werde nur ein unberechtigter Nachteil beseitigt, den er bisher erlitten habe.

So kann sich nur der ernsthaft an der politischen Willensbildung beteiligen, der sich als Anwalt des allgemeinen Interesses darstellen kann. Das gilt für politische Parteien, die an eine bestimmte Klientel gebunden sind, ebenso wie für Interessenverbände, wenn sie in der öffentlichen politischen Auseinandersetzung etwas erreichen wollen.

Damit soll freilich nicht gesagt sein, die politische Willensbildung in der Demokratie hänge davon ab, daß die Beteiligten wie die tugendhaften Bürger Rousseaus selbstlos nur für das Wohl des Ganzen wirken. Doch selbst der größte Egoist muß, wenn er sich im politischen Prozeß durchsetzen will, sich auf dessen Logik einlassen und den Anwalt des allgemeinen Interesses spielen. „Die Heuchelei ist die Verbeugung des Lasters vor der Tugend", sagt La Rochefoucault, und mit dieser Reverenz vor der volonté générale kann man sich hier durchaus zufrieden geben.

1.3.3. Der Status der volonté générale

Wenn nun die volonté générale oder der allgemeine Zweck das orientierende Prinzip der politischen Auseinandersetzung ist, muß das keineswegs bedeuten, daß die Frage nach ihm „in einer absoluten, objektiv gültigen, für alle unmittelbar verbindlichen, weil allen unmittelbar einleuchtenden Weise beantwortet werden" muß (Kelsen, S. 66 f.). Durch eine solche Antwort wäre jeder politische Streit sofort beendet. Aber er wäre gar nicht erst möglich, wenn das Allgemeininteresse ein leerer Begriff wäre oder nur das, was jeder sich zufällig darunter vorstellt. Über beliebige Vorstellungen läßt sich nicht streiten. Die Idee des allgemeinen Zwecks ist eine notwendige Voraussetzung der politischen Diskussion darum, weil nur, wenn alle im Grunde dasselbe wollen, darüber überhaupt gestritten werden kann: „Denn worüber es erlaubt sein soll zu streiten, da muß Hoffnung sein, untereinander übereinzukommen; mithin muß man auf Gründe des Urteils, die nicht bloß Privatgültigkeit haben [...], rechnen können" (Kant, S. 443).

Der Prozeß der Willensbildung in der parlamentarischen Demokratie gibt jedoch nicht nur dem „allgemeinen Interesse" und dem substantiellen Begriff der volonté générale einen guten Sinn. Er läßt es auch als sinnvoll erscheinen, die volonté générale vom empirisch erscheinenden Willen aller zu unterscheiden. Schon die Beteiligten in einem politischen Streit müssen unterstellen, daß sich wenigstens einer von ihnen über das allgemeine Interesse, also darüber irrt, was er als politisches Subjekt eigentlich will. Sinn macht diese Unterscheidung aber besonders dann, wenn man die volonté générale als Gesetz, das heißt als Resultat eines Entscheidungsprozesses im Blick hat. Denn der Wille, dessen Ausdruck ein Gesetz ist und der im Zusammenwirken der öffentlichen Meinung, verschiedener Interessengruppen und staatlicher Institutionen zustande kommt, ist etwas ganz anderes als das, was als jeweiliger Wille der Beteiligten in diesen Prozeß eingeht. So kann man sagen: Die volonté générale ist niemals unmittelbar vorhanden, sie bildet sich erst in einem von den staatlichen Institutionen getragenen Prozeß, in dem sich nicht nur Interessengegensätze ausgleichen, sondern sich auch Überzeugungen wandeln.

Die Begriffe „volonté générale" und „allgemeines Interesse" bilden ein Prinzip der Politik, das aus utilitaristischen Prämissen nicht ableitbar ist. Es kann aber vom Utilitarismus auch nicht ersetzt werden, weil dieser die elementaren Gehalte des allgemeinen Interesses wie die Menschenrechte und den Minderheitenschutz nicht wirklich legitimieren kann.[5]) Zugleich steht dieses Prinzip nicht in jener strikten Opposition zum Ansatz der Public-Choice-Theorie, die Buchanan/Tullock hier sehen wollen. Denn für die Logik des Streits um das „allgemeine Interesse" ist es ganz unerheblich, ob die an der Diskussion Beteiligten Wahrheits- und Gerechtigkeitsliebende oder utilitaristische Nutzenmaximierer sind. Und auch wenn der Ausgleich zwischen konkurrierenden Interessen und der sogenannte Stimmentausch (logrolling) beim Zustandekommen politischer Entscheidungen eine wesentliche Rolle spielen, bleibt das allgemeine Interesse das dominierende Prinzip in Selbstverständnis und Selbstdarstellung der Demokratie. Daß zwischen entgegengesetzten Interessen – möglichst durch die Betroffenen selbst – ein Ausgleich gefunden wird, liegt selbst im allgemeinen Interesse, und wenn andererseits der Stimmentausch im öffentlichen Bewußtsein nur geduldet scheint, so liegt das nicht an moralischen und sachfremden Vorurteilen, sondern daran, daß dieses Verfahren als solches öffentlich nicht darstellbar ist.

Doch welchen Status kann man nun dem Begriff der volonté générale zuweisen? Er darf nicht als *Kategorie* verstanden werden, daß man etwa sagen könnte: Dies und nur dies ist das allgemeine Interesse, und wer anderer Meinung ist, ist im günstigsten Fall einem Irrtum erlegen, wenn er damit nicht eine böswillige oder staatsfeindliche Gesinnung an den Tag legt. Dann wäre der Begriff „volonté générale" tatsächlich ein Instrument zur Rechtfertigung totalitärer Herrschaft. Das andere Extrem wäre es zu sagen: Die volonté générale hat den Charakter einer regulativen *Vernunftidee* im Sinne Immanuel Kants. Sie ist als leitende Idee für den politischen Diskurs unentbehrlich; aber in der Wirklichkeit der politischen Auseinandersetzung kann man niemals sicher sein, daß ein bestimmter politischer Wille ihr entspricht. Ob es neben diesen Extremen noch eine dritte Möglichkeit gibt und ob sich etwa das Resultat der demokratischen Willensbildung in bestimmtem Sinn als Wirklichkeit der volonté générale ansprechen läßt, muß zunächst noch offen bleiben.

2. Konsens und Kompromiß

2.1. Demokratie und Interessenpluralismus

Zweierlei dürfte mittlerweile deutlich geworden sein: Das Verhältnis von volonté générale und volonté particulière ist (nicht nur bei Rousseau) antagonistisch, und hinter diesen Begriffen stehen auf der einen Seite die Sphäre der politischen Zwecke wie Demokratie (als freie Selbstbestimmung eines Volkes) und soziale Gerechtigkeit, auf der anderen der Interessenpluralismus der modernen Gesellschaft. Zwischen diesen beiden Momenten verläuft eine Hauptkonfliktlinie der politischen Auseinandersetzung. Die an ihr sich entzündende Polemik hat die moderne Gesellschaft von Anfang an begleitet. Die Namen mögen dabei wechseln, der Sache nach ist es stets dasselbe, was einander polemisch entgegengesetzt wird: ob man nun die Freiheit des einzelnen, eng zusammengedacht mit der Freiheit des Marktes, dem den einzelnen bevormundenden, schlimmstenfalls totalitären Staat entgegensetzt oder umgekehrt die Idee einer solidarischen Gemeinschaft von sozial Gleichen, deren besondere Interessen jederzeit mit dem Interesse des Ganzen harmonieren, gegen die Konkurrenzgesellschaft egoistischer Privateigentümer ausspielt, die – sich selbst überlassen – bekanntlich nur die Reichen reicher und die Armen ärmer machen soll.

Hinter solcher Polemik steht ein Sachproblem, und zwar die Frage, ob eine politische Gemeinschaft zu freier Selbstbestimmung fähig ist, wenn Interessenkonflikte ihre gesellschaftliche Basis bestimmen. Ein Problem sehen hier auch Buchanan/Tullock; sie halten es für möglich, daß „separate class or group interests are so solidified that no democratic constitution can be chosen for the community." (Buchanan/Tullock, S. 286; vgl. auch S. 80) Folgende Gründe scheinen für diese Möglichkeit zu sprechen: Die von ihren partikularen Interessen beherrschten Individuen sind unfähig, einen Sinn für das allgemeine Interesse und damit eine volonté générale zu entwickeln; überdies zerstören die aus der Interessenkonkurrenz resultierenden Konflikte den sozialen Frieden und damit die Einheit des Volkes.[6]) Schließlich kann sich die Allgemeinheit nicht gegen mächtige gesellschaftliche Interessen durchsetzen, die zumal in der Lage sind, im allgemeinen Interesse notwendige Entscheidungen (z. B. im Umweltschutz) zu verhindern.

Rousseau ist der erste, der die Frage nach der Vereinbarkeit von Demokratie und Interessenpluralismus stellt, und er verneint sie aus den genannten Gründen entschieden: „Tant que plusiers hommes réunis se considerent comme un seul corps, *ils n'ont qu'une seule volonté*, qui se rapporte à la commune conservation, et au bien-être général." (Rousseau, 437; Hervorhebung d. V.) In diesem Zustand ist das bien commun für alle offenbar, es gibt keinen Raum für die „subtilités politiques" und auch nicht für die „intérêts embrouillés, contradictoires", die den Staat schwächen und die Einigkeit zerstören. Wenn jedoch Partikularinteressen hervortreten, sich organisieren und schließlich „le plus vil intérêt se pare effrontément du nom sacré du bien public", dann ist der Staat nur noch eine leere Form, er steht vor seinem endgültigen Ruin und die volonté générale „verstummt".

2.2. Die Konsenstheorie von Habermas

2.2.1. Die Verallgemeinerungsfähigkeit von Interessen

In den schlichten Worten zu Beginn des vierten Buches des „Contrat Social" kommt ein Grundmotiv der sozialistischen Kritik an der modernen bürgerlichen Gesellschaft zum Ausdruck. Inwieweit politische Selbstbestimmung und gesellschaftliche Konkurrenz von Interessen und Überzeugungen miteinander vereinbar sind oder, mit anderen Worten, welches Recht volonté générale und volonté particulière gegeneinander haben, ist immer noch eine nicht nur kontrovers diskutierte, sondern auch kaum befriedigend geklärte Frage. Auf sie hat Jürgen Habermas mit Hilfe der Unterscheidung verallgemeinerungsfähiger und nichtverallgemeinerungsfähiger Interessen eine Antwort zu geben versucht.[7] Ein nichtverallgemeinerungsfähiges Interesse ist dann legitimer Inhalt der volonté particulière, wenn es keinem verallgemeinerungsfähigen Interesse entgegengesetzt ist. Interessen der letzteren Art sind Inhalt der volonté générale.

Der Konflikt zwischen nichtverallgemeinerungsfähigen Interessen ist legitim, und die gleichfalls legitime Form der Konfliktlösung ist dann der Kompromiß.[8] Illegitim ist dagegen ein Kompromiß, wenn eines der verhandelten Interessen sich als verallgemeinerungsfähig erweist (155). Das ist zum Beispiel dann der Fall, wenn etwa die Umweltpolitik zu große Zugeständnisse an partikulare Interessen einzelner Wirtschaftssubjekte machen muß. Durch solche scheinhaften Kompromisse werden verallgemeinerungsfähige Interessen unterdrückt, wie auch dadurch, daß nichtverallgemeinerungsfähige Interessen erfolgreich als verallgemeinerungsfähig behauptet oder unterstellt werden, also durch einen scheinhaften Konsensus.[9]) In beiden Fällen verhindert unberechtigte *Herrschaft*, die sich nur scheinhaft legitimieren kann, die demokratische Selbstbestimmung. Die Aufgabe der „Kritischen Theorie der Gesellschaft"[10]) ist es, jeden Scheinkompromiß und Scheinkonsens als solchen zu erkennen und darauf hinzuwirken, daß er seine Geltung verliert.

2.2.2. *Konsens und Diskurs*

Gegen Habermas ist verschiedentlich eingewandt worden, daß die Unterscheidung verallgemeinerungsfähiger und nichtverallgemeinerungsfähiger Interessen letztlich nur eine willkürliche, ihrerseits von partikularen Interessen bestimmte sein könne. Habermas hat jedoch überzeugend die „Wahrheitsfähigkeit praktischer Fragen" darlegen können: Eine vernünftige, allgemeingültige Entscheidung darüber, ob ein Interesse verallgemeinerungsfähig ist oder nicht, ist grundsätzlich möglich. Nach Habermas wird sie in einem herrschaftsfreien Diskurs getroffen, für den unter anderem gelten muß, „daß kein Zwang außer dem des besseren Arguments ausgeübt wird: daß infolgedessen alle Motive außer dem der kooperativen Wahrheitssuche ausgeschlossen sind." Kommt in einem solchen Diskurs ein Konsensus zustande, „dann drückt dieser Konsensus einen ‚vernünftigen Willen' aus." (148)

Der „vernünftige Konsensus" ist ein Nachfolgebegriff der volonté générale. An die Stelle des bien commun tritt das „verallgemeinerungsfähige Interesse", das „täuschungsfrei festgestellt" und über das rational entschieden werden kann. Es ist ebenso wie Rousseaus bien commun ein Gegenstand der Erkenntnis. Den vernünftigen

Konsens unterscheidet Habermas vom bloß faktischen, der immer auch ein Scheinkonsens sein kann. Ob „Normen verallgemeinerungsfähige Interessen ausdrücken" und deshalb „rechtfertigungsfähig" sind, hängt nicht davon ab, ob sie einen tatsächlichen Konsens finden, sondern davon, ob sie einen vernünftigen Konsens finden *würden*, „wenn ein praktischer Diskurs stattfinden könnte." (153) Politische Normen, die dieser Bedingung nicht genügen, stabilisieren „Gewaltverhältnisse".

2.2.3. Konsens und Dissens: Bedenken gegen Habermas

Wenn der vernünftige Konsensus Legitimitätsgrundlage politischer Entscheidungen ist, dann muß man auch an diesen Begriff die Frage nach seinem Status stellen, wie wir es oben schon bei der volonté générale getan haben. Welche Stellung nimmt der „vernünftige Konsens" in der Wirklichkeit der politischen Diskussion ein? Ist er nur eine Idee im Sinne Kants oder mehr?

Habermas hat diese Frage mit dem Hinweis auf das der Sprache immanente „Rationalitätspotential" sowie der Feststellung beantwortet, die Idee des vernünftigen Konsensus sei in sprachlichem oder kommunikativem Handeln stets wirksam. Auch wer nicht an „Argumentationen … teilzunehmen bereit ist", kann nicht umhin „die, wie immer auch kontrafaktisch erhobenen, in Sprechakten enthaltenen und allein diskursiv einlösbaren Geltungsansprüche" anzuerkennen (153 [Anm.160]). Man wird diese Auskunft kaum für befriedigend halten können, wenn man Habermas' Ansicht nicht teilt, daß „eine konsensfähige Abgrenzung partikularer von verallgemeinerungsfähigen Interessen allein mit Mitteln diskursiver Willensbildung möglich ist" (155), wenn der Dis-

kurs nicht durch illegitime Herrschafts- oder Gewaltverhältnisse beeinträchtigt ist. Denn nicht nur die können
der Konsensbildung im Wege stehen, sondern neben der
Knappheit an Zeit und der Komplexität von Entschei-
dungslagen auch lebensgeschichtliche Prägungen, feste
Denkgewohnheiten, partikulare Leidenschaften oder in-
stitutionelle Bindungen der Diskursteilnehmer oder
eben auch: die vielfältigen, mächtigen und weniger
mächtigen gesellschaftlichen Interessen.

Es ist ohne Zweifel richtig, daß der öffentliche politische
Diskurs Verfestigungen in den Überzeugungen der einzelnen auflösen und die jeweilige Berechtigung gesellschaftlicher Interessen klären kann. Er kann deshalb gar
nicht intensiv genug und offen genug geführt werden. In
der Regel wird er aber nicht zu einem förmlichen Konsens führen, weil entweder vorerst oder auf Dauer der
Dissens fortbesteht. Es mag jedoch auch sein, daß ein
faktischer Konsens sich als Dissens maskiert.[11])

Vor allem ist die im Gesetzgebungsverfahren einmal ge-
fällte Entscheidung nur sehr selten ein Konsens. Denn
sie bringt den Dissens ja nicht zum Verschwinden. Das
stellt gegen Habermas deswegen einen Einwand dar,
weil bei ihm der Dissens eigentlich kein Recht hat – es
sei denn als transitorisches Phänomen, in der Diskussion
vor der Einigung. Habermas hat große Vorbehalte gegen
die politische Organisationsform, die das Bestehen von
Dissens ermöglicht und als berechtigt sanktioniert: „Gewaltenteilung und Demokratie [sind] keine gleichrangi-
gen politischen Ordnungsprinzipien." (154) Denn Gewaltenteilung ist nach Habermas nur zwischen erwiese-
nermaßen nicht verallgemeinerungsfähigen Interessen legitim. Eine mögliche Gefährdung der Freiheit des einzelnen durch die ungehemmte Durchsetzung einmal als

verallgemeinerungsfähig erkannter Interessen sieht Habermas dagegen nicht. Schelskys These, die demokratische Willensbildung müsse durch das Prinzip der Gewaltenteilung daran gehindert werden, in Repression umzuschlagen, bezeichnet Habermas als „Topos der Gegenaufklärung" (ibid.).

Gewaltenteilung und Kompromiß, die Formen also, in denen Dissens und Differenz von Interessen und Überzeugungen ein Daseinsrecht haben, will Habermas auf den eng umgrenzten Bereich nichtverallgemeinerungsfähiger Interessen eingeschränkt sehen, deren Partikularität stets diskursiv erwiesen werden muß (155). Das hat Kritiker argwöhnen lassen, die Tendenz der von Habermas entwickelten „Theorie des kommunikativen Handelns" gehe letztlich dahin, „die politischen Streitmöglichkeiten zu verengen und eine bestimmte Politiksicht verbindlich zu machen" (Oberreuter, S. 16). Sie könne so interessierte Gruppen dazu ermuntern, den vernünftigen Konsens für sich zu reklamieren und zu versuchen, ihn gegen Widerspenstige, die es an der nötigen „Verständigungsorientierung" fehlen lassen, durchzusetzen.

Gegen diese Kritik hat sich Habermas vehement zur Wehr gesetzt, doch wie ich meine, nicht wirklich überzeugend.[12] Auch wenn die Unterscheidung verallgemeinerungsfähiger Interessen von partikularen prinzipiell sinnvoll ist, fehlt ihr doch die durch das Suffix „-fähig" angedeutete Operationalisierbarkeit, weil „verschiedene Ansichten über wahre allgemeine Interessen selbst partikulare Interessen sind, solange der Diskurs zu keiner Einigung geführt hat" (Spaemann, S. 137). Selbst wenn es zu einer Einigung kommt, ist das Problem nur verschoben, weil diese möglicherweise nur ein Scheinkonsens ist. So bleibt der Status des vernünftigen Konsensus wie der Unterscheidbarkeit von Interessen bei Habermas letztlich unbestimmt. Er muß es bleiben, weil Habermas die Idee des vernünftigen Konsensus nicht mit denjenigen Bedingungen politischer Willensbildung vermitteln kann, die das förmliche Zustandekommen eines solchen Konsensus unwahrscheinlich machen.

Es ist Habermas' Verdienst, die Bedeutung des vernünftigen Diskurses als Medium der politischen Willensbildung hervorgehoben zu haben. Doch seine Konzeption ist nicht frei von der rousseauistischen Tendenz, die volonté particulière im Interesse der Herrschaft der volonté générale zu unterdrücken. Habermas neigt dazu, über verallgemeinerungsfähige Interessen allzu schnell einen Konsens zu reklamieren und es dann für illegitim zu erklären, wenn diese Interessen weiterhin dem politischen Streit überlassen bleiben.

3. Konsens und Mehrheitsregel

Angestoßen durch die öffentlichen Auseinandersetzungen um Fragen der Verteidigungs-, Energie- und Umweltpolitik ist in der Bundesrepublik in den letzten Jahren eine politische Debatte um die Rolle des Konsens in der parlamentarischen Demokratie entstanden. Sie hat sich unter dem Eindruck schwindender Integrationskraft der großen Parteien noch verstärkt. Den Hauptstreitpunkt bildet dabei das Prinzip der Mehrheitsentscheidung. In diese Debatte hat Habermas zwar nur am Rande eingegriffen (vgl. Habermas [1983, S. 48ff.]), doch seine Überlegungen spielen darin eine bedeutende Rolle. Die Mehrheitsregel ist ein politisches Entscheidungsverfahren, das die Konkurrenz unterschiedlicher Interessen sowie den Dissens über politische Ziele anerkennt und beidem Raum gewährt. Eine Entscheidung durch die Mehrheit ist selbst zwar kein Kompromiß zwischen Gruppen mit unterschiedlichen Interessen und Überzeugungen, Züge eines Kompromisses trägt aber das Verfahren als ganzes: Es ermächtigt eine Mehrheit, die sich auf eine bestimmte Interessenpräferenz einigen kann, zur Durchsetzung dieser Interessen auf Zeit, läßt aber der Minderheit die Chance, später selbst zur Mehrheit zu werden.

3.1. *Neuere Kritik an der Mehrheitsregel*

Die universelle Gültigkeit und Legitimität des Mehrheitsprinzips haben Bernd Guggenberger und Claus Offe in Zweifel gezogen. Sie machen zunächst darauf aufmerksam, daß über die Geltung und den Geltungsbereich des Mehrheitsprinzips selbst ein Konsens bestehen muß. Konsens muß nämlich wenigstens bestehen über die Staatsform und über unverletzliche Grundrechte; beides sowie die Verfahrensregeln selbst dürfen nicht zur Disposition der herrschenden Mehrheit stehen. Zudem können Mehrheitsentscheidungen Legitimität nur beanspruchen, wenn sie prinzipiell korrigierbar sind und die Grenze der privaten Lebenssphäre respektieren. Diese Bedingungen jedoch sehen Guggenberger und Offe in einer ganzen Reihe von Feldern nicht mehr erfüllt. Als Beispiel nennen sie unter anderem „Beschlüsse über den Abriß bzw. die Sanierung städtischer Wohngebiete, über die Ansiedlung umweltschädlicher Industrien, die Frage der Freigabe bzw. Regulierung der Abtreibung, ..., Probleme der polizeilichen Überwachung und Strafverfolgung", den „Bereich der Kernenergie, der Genbeeinflussung, ..., der Waffentechnologie" sowie „ethnische, konfessionelle oder grundsätzliche soziale Konflikte" (Guggenberger/Offe, S. 159 bzw. 190).

Offe macht nun den Vorschlag, den Geltungsbereich der Mehrheitsregel durch besseren Schutz der Minderheit einzuschränken. Er plädiert für dezentralisierte, „föderale Entscheidungsverfahren", für den „verstärkten Gebrauch von *Quoren* bzw. von qualifizierten Mehrheitsanforderungen" und den „Ausbau der *Grundrechte* und institutionellen *Garantien* der Verfassung" (Guggenberger/Offe, S. 178). Guggenberger betont, daß Mehrheitsentscheidungen einen Kernbestand „gemeinsamer Interessen und Überzeugungen" voraussetzten, die über die Regeln der parlamentarischen Demokratie hinausgehen: Die „verfassungsrechtlich nicht normierbare Prämisse für die Gültigkeit der Mehrheitsregel" sei „das Vorhandensein einer öffentlichen Kultur, die Existenz eines Fundaments an vorpolitischer Bürgergemeinsamkeit und lebenspraktisch verankerter politisch-kultureller Homogenität des Gesellschaftskörpers" (Guggenberger/Offe, S. 192). Beiden, Guggenberger und Offe, geht es also um die Stärkung der volonté générale oder – in Habermas' Terminologie – der verallgemeinerungsfähigen Interessen durch den Versuch, diese der Konkurrenz mit partikularen Interessen zu entziehen.

3.2. Die Mehrheitsregel und der „Calculus of Consent"

Auffällig ist, daß die Auffassung Guggenbergers und Offes in wichtigen Punkten mit der von Buchanan/Tullock entwickelten Position übereinstimmt: Beide betonen ebenfalls, daß die Geltungsbedingungen der Mehrheitsregel durch einen Konsens festgelegt werden müssen, bevorzugen auch föderale Entscheidungsverfahren und halten den Bedarf an (relativem) Konsens für um so höher, je schwerwiegender die Folgen der kollektiven Entscheidung sind (Buchanan/Tullock, S. 73f. u. 114). Diese Übereinstimmung ist um so merkwürdiger, als die beiden Konzeptionen auf gegensätzlichen Prinzipien beruhen. Sie verweist jedoch auf eine grundsätzliche Ambivalenz der Theorie von Buchanan/Tullock.

Soll in einer Gemeinschaft von Individuen eine bestimmte Frage durch kollektive Entscheidung und kollektives Handeln gelöst werden, hängt nach Buchanan/Tullock die optimale Entscheidungsregel von den „gesellschaftlichen Interdependenzkosten" ab (S. 45). Diese Kosten setzen sich zusammen aus den Entscheidungskosten (decision-making costs) und den externen Kosten, die nicht durch das Handeln anderer, sondern aus der „collective action" selbst entstehen. Diese externen Kosten entstehen nur derjenigen Gruppe, die bei der Entscheidung nicht entscheidet, im Falle der Mehrheitsentscheidung also der unterlegenen Minderheit. Allgemein läßt sich sagen: Je inklusiver die Entscheidungsregel, desto geringer die externen Kosten, desto höher jedoch die Entscheidungskosten. Die optimale Entscheidungsregel legt ein Quorum fest, bei der die gesellschaftlichen Interdependenzkosten am geringsten sind. Dabei wird diese Regel um so inklusiver sein und sich der unanimity rule nähern, je schwerwiegender der Eingriff und je höher die sich daraus ergebenden externen Kosten sind. Vor allem beim Eingriff in die „property rights" sind nach Buchanan/Tullock die externen Kosten so hoch, daß hier nach der unanimity rule verfahren werden muß.[13])

Im Idealfall werden sich nach Buchanan/Tullock vollkommen rational handelnde, nutzenmaximierende Indi-

viduen in jeder Frage über die optimale Entscheidungsregel einigen. Doch warum soll das so sein? Warum soll
beispielsweise eine Mehrheit von Mietern die Entscheidung über umfassende Eingriffe in Grund- und Woh-
nungseigentum nicht möglichst exklusiv gestalten wollen, da die zu erwartenden externen Kosten ja doch nicht
sie treffen? Das wird, so Buchanan/Tullock, deshalb
nicht geschehen, weil das rational handelnde Individuum
ins Kalkül zieht, daß es auch in eine Interessenlage geraten könnte, in der es eine Entscheidungsregel übermäßig
benachteiligt, welche ihm jetzt große Vorteile bringt.

Einen Konsens auf dem „constitutional level" wird es im
Idealfall also deshalb geben, weil das Individuum für sich
selbst jede in der Gemeinschaft mögliche Interessenlage
antizipiert. Diese Annahme setzt natürlich voraus, daß
die Grenzen zwischen Interessengruppen und sozialen
Schichten in hohem Maße durchlässig sind. Bedeutsam
ist hier aber noch etwas anderes. Indem das Individuum
sich selbst betrachtet als eines, das jederzeit die Interessen jedes anderen haben könnte, sieht es von seiner eigenen Besonderheit ab. Es muß sich selbst als ein *allgemeines* ansehen. Als allgemeines hat es aber ein *allgemeines
Interesse*, ein Interesse nämlich, das jedes andere vernünftigerweise auch hat oder haben sollte.

3.3. *Eine problematische Verteidigung der Mehrheitsregel*

Offes und Guggenbergers Kritik am Mehrheitsprinzip
haben die Politikwissenschaftler Heinrich Oberreuter
und Alexander Schwan heftig widersprochen.[14]) Sie halten Guggenberger und Offe für Wegbereiter einer „nicht
auf offene, sondern auf subkutane Weise usurpatori-
sch[en]" „Spielart des Fundamentalismus", der den „Plu-

ralismus in der Demokratie" gefährde. Die Forderung nach „Außerkraftsetzung demokratischer Mehrheitsentscheidungen" ziele darauf, den „demokratische[n] Staat … seiner Entscheidungsfähigkeit" zu berauben (Schwan, S. 6). Vor allem Guggenbergers „Homogenitätspostulat" sei im Grunde die Forderung nach einem „normativen Fundamentalkonsens", der den politischen Streit unmöglich mache: „Solange ein streitiger Sektor offenbleibt, gibt es diese Homogenität nicht." (Oberreuter, S. 18) Letztlich solle „die pluralistische Demokratie … als solche zugunsten des Vorrangs, Sonderrechts und Heils- oder Unheilwissens partikulärer selbsternannter Eliten lahmgelegt" werden, die „mit dem Anspruch auf die Vertretung der wahren Interessen der Allgemeinheit" aufträten (Schwan, S. 6; Oberreuter, S. 20).

Die Kritik von Schwan und Oberreuter trifft wohl mehr den fundamentalistischen Flügel der GRÜNEN als Guggenberger und Offe, die im ganzen eher vorsichtig argumentieren. Doch selbst wenn der politische Fundamentalismus sich als notwendige Konsequenz aus ihren Vorschlägen ergäbe, wären damit ihre Bedenken gegen die Mehrheitsregel noch nicht vom Tisch. Das gilt besonders für umweltpolitische Maßnahmen. So machen Faber und Manstetten zu Recht darauf aufmerksam, daß „drastische Umweltschutzmaßnahmen", die von mit knappen Mehrheiten regierenden Koalitionen verabschiedet werden, den Rechtsfrieden in der Gesellschaft gefährden, „weil sie auf erbitterten Widerstand einer Vielzahl von Gegnern und Betroffenen stoßen" können. Sie plädieren deshalb dafür, diese Maßnahmen wie Änderungen der Verfassung anzusehen, die sich auf einen „breite[n] gesellschaftliche[n] Konsens" und „allgemein akzeptierte Prinzipien" stützen müssen (Faber/Manstetten, S. 365f.).

Diese Überlegungen wird man kaum als politischen Fundamentalismus abtun können. Das von Faber und Manstetten angesprochene Problem macht vielmehr deutlich, daß die wissenschaftlichen Verteidiger der parlamentarischen Demokratie sich gegenüber den Kritikern der Mehrheitsregel in einer Verlegenheit befinden, die der Fundamentalismusvorwurf, mit dem sie etwas zu schnell bei der Hand sind, mehr offenbart als verdeckt.

Iring Fetscher führt es auf „die Erfahrung der totalitären Systeme" zurück, „daß die moderne Politikwissenschaft die klassischen Demokratietheorien nicht mehr benützt."[15]) Sie hat sich bislang eher mit Regeln wie der von Adolf Arndt geprägten Formel begnügt, „Demokratie herrsche in einem Staat mit legaler Opposition" (Fetscher, S. 197). Bei den angesprochenen Fragen kommt man indes mit solchen Maximen nicht sehr weit. Deshalb möchte ich abschließend eine zu Unrecht in Vergessenheit geratene, hochstehende Tradition politischer Theorie in Erinnerung rufen, für die vor allem die Namen Kant und Hegel stehen. Hegels Philosophie des Rechts will ich darauf befragen, ob sie etwas zur Lösung der angesprochenen Fragen beitragen kann.

4. Volonté générale, volonté particulière, Konsens und Kompromiß in Hegels Staatstheorie

Volonté générale und volonté particulière sind im demokratischen Staat untrennbar miteinander verbunden, nämlich in der Person der einzelnen: Jeder ist zugleich Privatperson mit partikularen Interessen (bourgeois) und als Staatsbürger (citoyen) Teil des Souveräns. Ich muß also jedem eine volonté particulière und eine volonté générale zusprechen. Dann stellt sich indes die Frage, ob, und wenn ja, wie demokratische Homogenität und Pluralismus oder: Konsens und Dissens in der politischen Willensbildung vereinbar sind.

Eine negative Auskunft auf diese Frage geben die Extrempositionen: auf der einen Seite Rousseau, der vollständige Homogenität der privaten Interessen verlangt, auf der anderen ein extremer Liberalismus, der im Gegenteil prinzipiell unbegrenzte Entfaltung dieser Interessen fordert und die gesamte öffentlich-politische Sphäre durch Kompromisse zwischen ihnen regeln will. Beide erscheinen gleichermaßen inakzeptabel und den modernen Demokratien unangemessen (jedenfalls den europäischen). Problematisch sind jedoch auch die Konzeptionen von Habermas und eine engstirnige Verteidigung der parlamentarischen Demokratie. Die eine, weil sie eher wie Rousseau dazu neigt, den Bereich partikularer Interessen zu stark einzuschränken[16]), die andere, weil sie allzusehr Theorie eines spannungslosen, von größeren Herausforderungen freien Status quo bleibt. Kann Hegel hier eine überzeugendere Perspektive eröffnen?

4.1. Die „bürgerliche Gesellschaft"

Hegel geht das Problem so an, daß er volonté particulière und volonté générale oder den einzelnen als bourgeois und als citoyen verschiedenen Sphären zuweist: die volonté particulière der *bürgerlichen Gesellschaft*, die volonté générale dem Staat, wobei unter „Staat" nicht allein die Staatsorgane und das Staatsrecht verstanden sind. Zum Staat gehören auch das Volk als die Gesamtheit der citoyens und alle seine (friedlichen) Artikulationen.

4.1.1. Die Privatperson als nutzenmaximierendes Individuum

Als Mitglied der bürgerlichen Gesellschaft ist der einzelne *Privatperson*, „welche sich als *besondere* Zweck ist" (§ 182[17]). Diese Privatperson ist nichts anderes als das nutzenmaximierende Individuum der Public-Choice-Theorie. Als besondere ist die Person sich „Zweck", wenn sie ihre privaten Interessen verfolgt und ihre Bedürfnisse befriedigt; in der politischen Willensbildung ist sie sich zwar ebenfalls Zweck, aber nicht *als besondere*. Ihren Interessen Geltung verschaffen und ihre Bedürfnisse nach bestimmten Gütern, aber auch nach beruflicher Tätigkeit, nach Ansehen usw. befriedigen kann die Privatperson nicht für sich alleine, sondern nur „in *Beziehung* auf andere solche Besonderheit" (ibid.), wie sie selbst ist.

Hegels Theorie der bürgerlichen Gesellschaft beruht auf einer intensiven Rezeption der zeitgenössischen Nationalökonomie (Smith, Ricardo). Die ökonomische Grundlage der Gesellschaft, die Hegel das „System der *Bedürfnisse*" nennt (§ 188), ist ein auf Privateigentum beruhendes *marktwirtschaftliches System* bzw. eine „kapitalistische Marktwirtschaft mit Privateigentum" im Sinne einer Definition, wie sie etwa Bernholz/Breyer geben.[18]) Die Befriedigung der Bedürfnisse erfolgt in der bürgerlichen Gesellschaft typischerweise über den Markt (§ 192). Jeder kann seine Bedürfnisse nur dadurch befriedigen, daß er zuerst Mittel zur Befriedigung der Bedürfnisse anderer bereitstellt – seien dies nun Güter oder die eigene Arbeitskraft. So bildet sich ein System „allseitiger

Abhängigkeit" heraus, dessen Funktion die Maximierung gesellschaftlicher Wohlfahrt ist, denn in ihm „schlägt die *subjektive Selbstsucht* in den *Beitrag zur Befriedigung der Bedürfnisse aller anderen* um" (§ 199). Subsistenz und Wohl des einzelnen sind in die Subsistenz und das Wohl aller „verflochten, darauf gegründet und nur in diesem Zusammenhange wirklich und gesichert" (§ 183).

4.1.2. Der „Not- und Verstandesstaat"

Das Besondere an Hegels Rechtsphilosophie ist nun nicht so sehr die Unterscheidung von Staat und Gesellschaft, sondern ihr doppelter Staatsbegriff. Vom eigentlich politischen Staat hebt Hegel einen sogenannten „Not- und Verstandesstaat" (§ 183) ab, den er der bürgerlichen Gesellschaft zurechnet. Die Aufgaben dieses Staates ergeben sich aus den gemeinsamen Interessen, die in Zusammenspiel und Konkurrenz der privaten Interessen entstehen. Hierunter fällt zum einen der Schutz der einzelnen in ihren Rechten durch die Rechtspflege, die gerichtliche Verfolgung von Straftaten und die Rechtsfindung bei Rechtsstreitigkeiten, zum anderen bestimmte allgemeine Vorkehrungen, die Aufgabe der „Polizei" sind.

Mit dem Wort „Polizei" knüpft Hegel an einen Sprachgebrauch des 18. Jahrhunderts an, in dem dieser Begriff die „innere Politik" des Staates, die die „innere Ordnung des Gemeinwesens" aufrechterhaltenden Institutionen bezeichnet (Maier, S. 1). Die heutige, engere Bedeutung des Wortes geht auf die Auffassung zurück, die Aufgaben der inneren Politik reduzierten sich auf die Garantie der öffentlichen Sicherheit. Diese Auffassung teilt Hegel nicht. Für ihn fallen in die Zuständigkeit der Polizei insbesondere Warenkontrolle, infrastrukturelle Maßnahmen wie Unterhaltung der Verkehrswege, öffentliche Gesundheitsvorsorge und auch das Schulwesen. Die Polizei umfaßt also die untere und teilweise die mittlere Ebene der Verwaltung, vor allem wenn sie kommunal organisiert ist.

Hegels Polizei entspricht weitgehend dem, was Bernholz/Faber den „Versorgungsstaat" nennen. Zutreffend läßt sich nämlich auch von der Polizei sagen, ihre Aufgabe sei die Bereitstellung *öffentlicher Güter*, die Vermeidung externer Effekte und – bei Hegel eine „individuell-subsidiäre" (Maier, S. 237) – Sozialpolitik. Ebenfalls spielt das „zwingende Recht" bei der Polizei eine untergeordnete Rolle, da ihr ein großer Ermessensspielraum bleibt (§ 234).[19])

Der „Not- und Verstandesstaat", bestehend aus Rechtspflege und Polizei, sichert der bürgerlichen Gesellschaft als der Sphäre der volonté particulière eine relative Autonomie gegen den politischen Staat oder die volonté générale. Das kann der „Not- und Verstandesstaat" dank seiner föderalen Organisation, in der Kommunen und Gemeinden ein besonderes Gewicht haben. Hegel verlangt, „daß von unten, wo das bürgerliche Leben *konkret* ist, dasselbe auf konkrete Weise regiert werde" (§ 290), und hat deshalb den Zentralismus französischer Prägung stets abgelehnt. Sein Staatsmodell entspricht recht gut der spezifisch deutschen Wirklichkeit mit der starken Stellung der Kommunen.

Durch den „Not- und Verstandesstaat" vermag die bürgerliche Gesellschaft den politischen Staat gleichsam zu mediatisieren. Dessen „Regierungsgewalt" trifft „unten" in der Regel nicht direkt auf die Individuen, sondern auf die „berechtigten Interessen" der Kommunen, deren „berechtigte Gewalt" sie respektieren muß (§ 290 Z). Der politische Staat wird nicht zum „Interventionsstaat". Das zeigt sich deutlich an der sozialen Frage, deren Bedeutung Hegel schon früh und mit großer Weitsicht erkannt hat. Hegel sieht, daß die Armut in der bürgerlichen Gesellschaft keine zufällige Erscheinung ist, sondern „sich im ganzen notwendig aus derselben" ergibt (Hegel [1983a, S. 193]). Durch die Armut mit ihrer „moralischen Degradation" ist der Mensch in seinen Rechten verletzt. Daraus ergibt sich ein „Notrecht" gegen die bürgerliche Gesellschaft, und der Staat ist auf den Plan gerufen (Hegel [1983a, S. 194 u.196]). Doch er verhält sich dabei wesentlich subsidiär. Das Recht, durch eigene Arbeit seine Subsistenz zu sichern und darin seine „Ehre" zu finden, ist zunächst ein Recht gegen die bürgerliche Gesellschaft. Der Staat kann es nicht direkt verwirklichen.[20]) Er wird nur die bürgerliche Gesellschaft dazu anhalten, diesem Recht Genüge zu tun, und dafür nur die gesetzlichen Grundlagen schaffen (Sozial- und Arbeitsschutzgesetzgebung). Das „besondere Wohl als Recht" zu verwirklichen, ist insbesondere die Aufgabe der *Korporation*, eines berufsständischen Zusammenschlusses (§ 255), der auch die Funktion einer Sozialversicherung zu übernehmen hat (§ 253).

Die föderale Organisation der Verwaltung wie die Korporation als Elemente einer Selbstorganisation der bürgerlichen Gesellschaft haben für Hegel große Bedeutung. Sie sind einer Organisation „von oben her" (§ 290 Z) vorzuziehen, weil sie nicht nur der Sphäre der volonté particulière eine relative Selbständigkeit gegen den Staat garantieren, sondern auch zwischen bürgerlicher Gesellschaft und Staat vermitteln. Das Besorgen gemeinsamer

Interessen in überschaubarem Rahmen, wie in Kommunen und Gemeinden, weckt den Gemeinsinn der Bürger, ihr Interesse an der „Erhaltung des Ganzen" (§§ 289 A, 290 Z) und ihre Bereitschaft, sich am politischen Leben zu beteiligen.

4.2. Der Staat

Obwohl die bürgerliche Gesellschaft in Gemeinden und Korporationen sich selbst verwalten kann, bleibt sie auf den politischen Staat angewiesen. Der Staat muß dem Wirken von Rechtspflege, Polizei und Korporation die gesetzliche Grundlage geben, er muß über diese Institutionen eine Oberaufsicht ausüben und dann eingreifen, wenn die Selbstregulierung der bürgerlichen Gesellschaft versagt. Der Staat ist es, der zuletzt die Rechte der einzelnen garantiert. Hegel nennt ihn deshalb die „erhaltende Substanz" der Gesellschaft.

4.2.1. Gängige Einwände gegen Hegel

4.2.1.1. Der „preußische Staatsphilosoph"

Während Hegels Theorie der bürgerlichen Gesellschaft vielfach Anerkennung gefunden und sogar Bewunderung erweckt hat, steht seine Staatskonzeption in einem eher schlechten Ruf. Hegel zeige sich dort als reaktionärer preußischer Staatsphilosoph, er schließe das Volk von politischen Entscheidungen aus und setze das Recht des Staates bedenkenlos über das des einzelnen, so etwa lauten die gängigsten Vorwürfe. Sie sind zwar verständlich, aber allesamt unberechtigt. Um beim letzten anzufangen: Hegel sagt zwar tatsächlich, im Staat komme die

„Freiheit zu ihrem höchsten Recht" (§ 258), aber das tut sie unter anderem deshalb, weil der Staat die Rechte der einzelnen verwirklicht und garantiert. Und wenn Hegel den Staat einen „Selbstzweck" nennt, so heißt das nur, daß die politische Selbstbestimmung, die der Staat verwirklichen soll, auch um ihrer selbst willen und nicht nur als Mittel zu etwas anderem erstrebenswert ist.

Hegels Staat ist eine konstitutionelle Monarchie. Die Bezeichnung „Demokratie" lehnt Hegel für seinen Staat ausdrücklich ab. Aber das liegt nicht daran, daß er das Volk zu politischer Unmündigkeit verurteilen wollte. Denn mit dem Begriff „Demokratie" verknüpfte sich 1820 untrennbar die Rousseausche Doktrin der Volkssouveränität, die nach Hegels Meinung mitverantwortlich für den Terror während der französischen Revolution war (§ 258 A). Zudem ließ sich mit dieser Doktrin keine *Gewaltenteilungslehre* vereinbaren, die Hegel stets für unabdingbar hielt.

Man muß den Hegel-Kritikern allerdings zugestehen, daß Hegel in seiner „Rechtsphilosophie" von 1821 sich zuweilen wie ein Lobredner der Restauration benimmt. Das ist jedoch den ungünstigen Bedingungen zuzuschreiben, unter denen dieses Buch entstand. 1821 war die Zeit der „Demagogenverfolgung", die auch Schüler Hegels ins Gefängnis brachte. So hat Hegel, um seine zweifellos prekäre Position nicht noch mehr zu gefährden und sein Buch durch die preußische Zensur zu bringen, darin das viel vorsichtiger, versteckter und dunkler formuliert, was er in seinen rechtsphilosophischen Vorlesungen deutlich ausgesprochen hatte. Hegels Rechtsphilosophie ist auch ein Meisterwerk der politischen Camouflage. Denn in den substantiellen Fragen, etwa was die Kompetenzen der Volksvertretung anlangt, macht Hegel der

Restauration keine Zugeständnisse. Darüber täuscht er den oberflächlichen Leser freilich hinweg, indem er laut die Weisheit der Regierungen lobt und die Dummheit des Volkes schilt. Dieser Täuschung ist leider nicht nur die preußische Zensurbehörde erlegen.

4.2.1.2. Die organische Staatskonzeption

Ablehnung und Kritik hat Hegels Theorie auch ihrer These wegen auf sich gezogen, der Staat sei ein Organismus. Doch derartige Kritik beruht meistens auf einem Mißverständnis. Denn Hegels organischer Staatsbegriff hat nichts mit dem zu tun, was etwa Buchanan/Tullock als „organic conception" diskutieren und verwerfen (S. 11f.). Hegel betrachtet weder die Gesamtheit der Staatsbürger als „ein Individuum" noch die einzelnen als „Teile" des Staatsorganismus.

Die Rede vom „Organismus" bezieht sich nämlich nicht auf die Individuen, sondern auf die Staatsgewalten. Hier aber hat der Begriff einen präzisen Sinn. Er meint, daß die Staatsgewalten hinsichtlich eines bestimmten Zwecks funktional spezifiziert sind: der Herausbildung der volonté générale, oder, in Buchanans und Tullocks Sprache, des collective decision-making. Gesetze werden von der Legislative beraten und beschlossen, von der Exekutive durchgesetzt und durchgeführt, und beides wird durch eine dritte Gewalt kontrolliert. Die Staatsgewalten bilden für Hegel also in ihrem Zusammenspiel einen Organismus, weil sie zur Erhaltung und Weiterentwicklung des politischen Ganzen zusammenwirken.

Hegels Ansatz ist zwar sicher nicht „individualistisch", doch seine organische Konzeption hat nicht die Implikationen, die Buchanan/Tullock einer solchen Konzeption zuschreiben. In Hegels Staat gibt es weder einen „mystical general will that is derived independently of the decision-making process in which the political choices made by the separate individuals are controlling" (S. 12), noch sind die Bürger des Staates als Individuen konzipiert, die ganz uneigennützig nur um das allgemeine Interesse besorgt sind. Im Gegenteil ist der Staatsorganismus gerade darauf angelegt, Eigennutz, Ehrgeiz und Prestigestreben der Individuen in geeignete Bahnen zu lenken. Hegel wendet Adam Smiths Theorie der Ökonomie auf die Politik an; auch hier soll das Selbstinteresse der einzelnen allen oder dem Ganzen zugute kommen. Im Prozeß der politischen Willensbildung kann nur der sein Selbstinteresse und seinen Ehrgeiz befriedigen (indem er etwa Minister wird), der sich durch Sachkenntnis, Urteilskraft und Durchsetzungsvermögen auszeichnet.[21])

4.2.2. Die Gestalt des „collective decision-making"

4.2.2.1. Der Staat und die partikularen Interessen

Der Staat der „Rechtsphilosophie" hat eine von konkurrierenden Partikularinteressen bestimmte gesellschaftliche Basis. Wie soll sich in diesem Staat nun eine volonté générale bilden, wenn deren Träger, die citoyens oder Staatsbürger zugleich die bourgeois einer pluralistischen Gesellschaft sind? Denn Hegel geht nicht den Weg, den Staat von der Gesellschaft zu isolieren und ihn zu einer Art „Beamtenstaat" zu machen.[22]) Er legt im Gegenteil großes Gewicht darauf, daß der gesellschaftliche Pluralismus Eingang in den Prozeß der politischen Willensbildung findet und in der „gesetzgebenden Versammlung", dem Parlament, die „großen Interessen" der bürgerlichen Gesellschaft repräsentiert sind (§ 311 A).

Unter diesen Bedingungen einen einheitlichen politischen Willen zu bilden, ist Aufgabe des „Organismus des Staates", was bei Hegel nur ein anderes Wort für die gewaltenteilende Verfassung ist. Die Funktion der Gewaltenteilung erschöpft sich nicht im Schutz des Bürgers vor einem übermächtigen Staat, sie soll auch die Herausbildung der volonté générale als eines möglichst vernünftigen allgemeinen Willens gewährleisten. Das geschieht zunächst durch die Professionalisierung der Politik. Die staatlichen Institutionen bilden selbst die politischen Entscheidungsträger heran: Abgeordnete des Parlaments und Mitglieder der Regierung sollen möglichst nur die werden, die sich bereits in der Kommunalpolitik oder „in *obrigkeitlichen* oder *Staatsämtern*" bewährt haben. Bei diesem Personenkreis nämlich läßt sich die „Kenntnis der Einrichtungen und Interessen des Staats" voraussetzen (§ 310). Das versetzt die gesetzgebende Gewalt in die Lage, in der Beratung politischer Themen zu Entscheidungen und Entschlüssen zu kommen, so daß aus der Beratung auch ein *Wille* entsteht. Und dieser Wille ist insofern vernünftig zu nennen, als in ihm die gesellschaftlichen Interessen und die Erfordernisse staatlichen Handelns – die Regierung wirkt an der Gesetzgebung beratend mit – Berücksichtigung finden.

Die Beschlüsse der gesetzgebenden Versammlung werden prinzipiell durch Mehrheitsentscheidung getroffen. Doch hält Hegel in wichtigen Fragen knappe Mehrheiten für schlecht. Daß hier möglichst ein breiter Konsens zustande kommt, sollen die Intensität wiederholter Beratungen, vor allem aber deren Öffentlichkeit und die *öffentliche Meinung* gewährleisten.

4.2.2.2. Die öffentliche Meinung

Die öffentliche Meinung rechnet Hegel dem Staat und nicht der bürgerlichen Gesellschaft zu. Sie ist ebenso wie die politische Wahl eine Form, in der das Volk seinen Willen artikuliert. Es ist dabei nicht auf Presse und andere Kommunikationsmediien beschränkt, sondern kann seinen Willen auch in Versammlungen und durch Demonstrationen kundtun. Hier gilt natürlich nicht das Prinzip „one man, one vote"; es fallen vielmehr die Intensität des Engagements und die Sachkompetenz der Beteiligten ins Gewicht, so daß auch Minderheiten die öffentliche Meinung beherrschen können (vgl. Guggenberger/Offe, S. 167 u. 191).

Die Bedeutung der öffentlichen Meinung in Hegels Rechtsphilosophie ist oft unterschätzt worden. Habermas etwa wirft in seinem Buch „Strukturwandel der Öffentlichkeit" Hegel vor, die öffentliche Meinung geringzuschätzen und ihre Fähigkeit zur Selbstaufklärung zu ignorieren. Doch Habermas neigt dazu, die öffentliche Meinung zu idealisieren, während Hegel sieht, daß die öffentliche Meinung oft Themen beliebig aufgreift und wieder fallen läßt und keinen Maßstab für Wesentliches und Unwesentliches in sich hat. Um einen kontinuierlichen Diskurs führen und auf die politische Willensbildung gezielten und wirksamen Einfluß nehmen zu können, ist die öffentliche Meinung nach Hegels Auffassung auf die Institutionen einer funktionierenden öffentlichen Gesetzgebung angewiesen.

Im Zusammenspiel mit diesen Institutionen kann die öffentliche Meinung jedoch große Macht entfalten, und zwar *legitime* Macht. Das zuweilen von Politikern angestimmte Lamento über den „Druck der Straße" ist mit

Hegels Rechtsphilosophie kaum in Einklang zu bringen. Wohl aber wäre es in deren Sinn, daß einzelne staatliche Institutionen sich spezifisch der Öffentlichkeit zuordnen; Institutionen etwa wie die Einrichtung des Datenschutzbeauftragten, die nicht weisungsgebunden sind, über ausreichende Mittel für ihre Öffentlichkeitsarbeit verfügen und bei Entscheidungen gehört werden müssen.

Förmlich entscheiden kann die öffentliche Meinung natürlich nichts. Aber sie kann dafür sorgen, daß in strittigen Fragen der öffentliche Diskurs so intensiv wie möglich geführt wird, und so die Chancen verbessern, eine vernünftige und möglichst allgemein akzeptable Entscheidung zu finden. Darin hat die öffentliche Meinung eine doppelte Funktion: Sie übt nicht nur Einfluß und Rechtfertigungsdruck auf die staatlichen Organe aus, sondern bewirkt auch die Integration der Staatsbürger und bessere Akzeptanz der politischen Entscheidungen. Denn sie eröffnet besonders Minderheiten die Möglichkeit, auf den Entscheidungsprozeß Einfluß zu nehmen, oder: aus eigener Verantwortung darauf zu verzichten. Damit fördert sie aber die Bereitschaft, eine Entscheidung anzunehmen, auch bei denen, die diese Entscheidung letztlich nicht billigen (§ 317 Z).

Die öffentliche Meinung vermag Korrektiv gegen problematische Mehrheitsentscheidungen zu sein, bei denen knappe Mehrheiten schwerwiegende Beschlüsse fassen, die die unterliegende Minderheit als für sich nicht verpflichtend betrachten könnte. So trägt die öffentliche Meinung auch zu einer Entscheidung im politischen Prozeß bei, die sich in einem guten und nicht nur formalen Sinn als volonté générale bezeichnen läßt. Durch die Bedingungen ihres Zustandekommens nämlich kann diese Entscheidung auch als vernünftig gelten.

5. Schluß: „Rechtsphilosophie" und Public Choice

„Die öffentliche Meinung enthält [...] in sich die ewigen substantiellen Prinzipien der Gerechtigkeit, den wahrhaften Inhalt und das Resultat der ganzen Verfassung, Gesetzgebung und des allgemeinen Zustandes überhaupt, in Form des *gesunden Menschenverstandes*" (§ 317). Sie ist daher die eigentliche Sphäre des politischen Streits als einer Auseinandersetzung um das allgemeine Interesse. Damit bildet sie einen Gegenpol zu den durch die volonté particulière bestimmten Bereichen der Politik, die das eigentliche Anwendungsgebiet der Public-Choice-Theorie bilden. Das aber sind bei Hegel nicht nur der inferiore „Not- und Verstandesstaat" der bürgerlichen Gesellschaft, sondern ebenso die gesetzgebende Versammlung, das Parlament, selbst, weil in ihm die „großen Interessen" der Gesellschaft repräsentiert sind. Daß es dort zu Interessenkompromissen, Stimmentausch und Präferenzaggregationen kommt, muß Hegels Theorie nicht als anstößig betrachten. Hegel ist kein Vertreter einer wirklichkeitsfremden Parlamentarismustheorie, der zufolge im Parlament „die Abgeordneten einander durch Argument und Gegenargument überzeugen".[23])

Hegels Rechtsphilosophie läßt sich mit ihren zeitspezifischen Besonderheiten nicht ohne weiteres auf die moderne staatliche Wirklichkeit übertragen. Doch sie bietet Möglichkeiten, die gerade heute wieder aktuellen Probleme im Verhältnis von volonté générale und volonté particulière angemessen zu diskutieren und ist darin vielen zeitgenössischen Konzepten überlegen. Daneben ist sie auch ein geeigneter Rahmen, um Berechtigung und Geltungsbereich der Public-Choice-Theorie zu diskutieren. Hegels Theorie ist in ihrem Prinzip zwar nicht individualistisch, doch sie weist keinen der problematischen Züge auf, die Buchanan/Tullock an der „klassischen politischen Theorie" monieren, und wenn Buchanan meint, „the political theorist should take his human actors as he finds them" (Buchanan/Tullock, S. 310), dann ist das ein Ratschlag, dessen Hegel ganz sicher nicht bedarf. Obwohl die „Rechtsphilosophie" mit Begriffen wie „volonté générale" und „allgemeines Interesse" operiert, muß sie doch keineswegs leugnen, daß utilitaristische Orientierungen und Phänomene wie der Stimmentausch, eben „the calculus of consent", in der politischen Willensbildung eine große Rolle spielen. Als politische Philosophie ist sie natürlich keine ökonomische Theorie der Politik, doch mit ihrem differenzierten Staats- und Gesellschaftsbegriff kann sie für eine solche Theorie ein passendes „framework" darstellen. Sie vermag den Geltungsbereich einer solchen Theorie sowie die Grenzen zu bestimmen, die dieser durch andere Prinzipien der Politik gesetzt werden.

Anmerkungen:

[1]) In diesem Sinne äußern sich etwa KRIELE (1977, S. 23 u. 1988, S. 282 ff.) und SCHMITT (1964, S. 123 f.).

[2]) Der eigentliche Begründer der marxistischen Revolutionstheorie, Lenin, steht ganz in dieser Tradition. Seine Konzeption des „demokratischen Zentralismus" beruht auf der Unterscheidung von „un-

mittelbaren Interessen" und „historischen Aufgaben" des Proletariats, welche letztere nur von dessen „Avantgarde", der kommunistischen Partei, zu erkennen sind. Dadurch wurde die „Diktatur des Proletariats" in der Praxis zur Diktatur einer vorwiegend aus bürgerlichen Intellektuellen bestehenden Partei.

3) Ein solches Staatsziel wird z.B. genauer bestimmt im „Stabilitätsgesetz" von 1967. So verpflichtet § 1 (2) StabG den Bund und die Länder zu wirtschafts- und fiskalpolitischen Maßnahmen, die „im Rahmen der marktwirtschaftlichen Ordnung gleichzeitig zur Stabilität des Preisniveaus, zu einem hohen Beschäftigungsstand und außenwirtschaftlichen Gleichgewicht bei stetigem und angemessenem Wirtschaftswachstum beitragen" (zit. nach GUTMANN/KLEIN, S. 131f.).

4) Deshalb kann sich etwa der Vorsatz, auf teure Umweltschutzmaßnahmen zu verzichten und auf Kosten nachfolgender Generationen zu leben oder gar das Ganze aufs Spiel zu setzen, nie zum Allgemeininteresse qualifizieren – selbst wenn das in einem kurzfristigen (und kurzsichtigen) Interesse aller läge.

5) Das zeigt Kriele (1988, S. 30ff.). BUCHANAN/TULLOCK sind in dieser Frage zwar gegenteiliger Auffassung, argumentieren dafür jedoch nicht.

6) Für den Marxismus ist die „bürgerliche Demokratie" deswegen eine Illusion, weil der Klassengegensatz von Bourgeoisie und Proletariat jede nationale oder politische Einheit eines Volkes auflöse; der „bürgerliche Staat" ist für den Marxismus nicht in der Lage, diesen Gegensatz zu integrieren.

7) HABERMAS (1973), S. 149ff.; alle Seitenangaben im folgenden beziehen sich auf diesen Text.

8) Ein Kompromiß wäre für Habermas auch der „consensus" bei BUCHANAN/TULLOCK, da es sich dabei nur um einen universellen Ausgleich partikularer Interessen handelt.

9) Das „Modell der Unterdrückung verallgemeinerungsfähiger Interessen" (Habermas, S. 153) durch einen scheinhaften Kompromiß oder Konsens, also durch Formen freier Übereinstimmung, gewinnt seine Bedeutung vor allem aus einer Einsicht von Marx: In der bürgerlichen Gesellschaft tritt ein bestimmtes Interesse stets als partikulares auf, das indes massiv in allgemeine Interessen eingreifen kann. Das durch das Recht auf *Eigentum* legitimierte Interesse an der Verfügung über das Eigentum hört dann auf, ein harmloses partikulares oder nicht verallgemeinerungsfähiges Interesse zu sein, wenn mit dem Eigentum (etwa an Produktionsmitteln) illegitime und unkontrollierte Macht verbunden ist, nämlich „einmal Macht über den Markt, also die Möglichkeit, Konkurrenten auszuschließen und die Preise zu diktieren, [...] sodann Macht über die Lohn-

abhängigen, und [...] drittens unkontrollierter politischer Einfluß, der aus der Erpreßbarkeit der politischen Gemeinschaft durch den Monopolisten [...] entsteht" (KRIELE [1988, S. 207]).

¹⁰) Mit diesem Ausdruck hat Max Horkheimer, der Begründer der „Frankfurter Schule", zu der sich auch Habermas rechnet, bereits in den 30er Jahren die Aufgabenstellung seiner philosophischen und soziologischen Bemühungen umrissen.

¹¹) Ein Beispiel dafür ist die „Neue Ostpolitik" der Regierung Willy Brandts, die schon lange durch einen faktischen Konsens getragen war, bevor dieser Konsens beim Regierungswechsel im Jahr 1982 zu einem offen erklärten wurde.

¹²) vgl. etwa die Entgegnung auf Spaemann „Die Utopie des guten Herrschers" (abgedruckt in: SPAEMANN, S. 127 – 135). – Den genannten Vorwürfen hat Habermas durch eine mißverständliche Rechtfertigung des zivilen Ungehorsams Vorschub geleistet: „Wenn die Repräsentativverfassung vor Herausforderungen versagt, die die Interessen aller berühren, muß das Volk in Gestalt seiner Bürger, auch einzelner Bürger, in die originären Rechte des Souveräns eintreten dürfen. Der demokratische Rechtsstaat ist in letzter Instanz auf diesen Hüter der Legitimität angewiesen." (HABERMAS [1983, S. 41]).

¹³) So soll beispielsweise bei der Einkommensumverteilung nur nach der Einstimmigkeitsregel verfahren werden; FABER (1973) zeigt jedoch, daß unter dieser Bedingung eine Einkommensumverteilung gar nicht zustandekommt.

¹⁴) In ihren Beiträgen zu einer Tagung der Konrad-Adenauer-Stiftung im Februar 1989.

¹⁵) FETSCHER, S. 197. Das gilt natürlich vor allem für Rousseau.

¹⁶) Dazu ist es nur scheinbar ein Widerspruch, daß Habermas die Autonomie der „Lebenswelt" gegen deren „Kolonisierung" durch die Ökonomie und den „Interventionsstaat" verteidigt. Denn am Schutz der Lebenswelt besteht nach Habermas ein verallgemeinerungsfähiges Interesse, während hinter den ökonomischen und politischen Eingriffen in sie entweder direkt oder indirekt partikulare, nichtverallgemeinerungsfähige Interessen stehen.

¹⁷) Sämtliche Paragraphenangaben im folgenden beziehen sich auf Hegels „Grundlinien der Philosophie des Rechts oder Naturrecht und Staatswissenschaft im Grundrisse"; dabei steht „A" für „Anmerkung" und „Z" für „Zusatz".

¹⁸) Danach ist es ein Kriterium der Marktwirtschaft, daß in ihr „Haushalte und Unternehmungen innerhalb ihrer finanziellen Möglichkeiten über alle Güter verfügen und insbesondere beliebige Mengen von Konsumgütern und Produktionsmitteln kaufen und verkaufen können." (BERNHOLZ/BREYER, S. 13; vgl. ebda. S. 5 u. S. 51).

[19] vgl. BERNHOLZ/FABER, S. 39 u. S. 59: Zum Begriff des öffentlichen Gutes bzw. des externen Effekts siehe BERNHOLZ/BREYER, S. 95f. bzw. S. 115ff.

[20] Es ist dies der Grund, aus dem Hegel einem subjektiv-öffentlichen, d.i. einklagbaren, *Recht auf Arbeit* nicht zugestimmt hätte.

[21] Vgl. etwa Rechtsphilosophie § 302 Anmerkung. In einer Vorlesung erkennt Hegel „die Tugend im Staat" nicht nur darin, „daß die anderen das, was einer zugleich aus Ehrgeiz vorschlägt, mit dem Allgemeinen übereinstimmend finden"; die „Tugend des Staatsmanns" ist vielmehr der Ehrgeiz selbst. In modernen Staaten ist es „die Hauptforderung, daß das Interesse der Besonderheit sich werfe in das Interesse der Allgemeinheit", und so ist „die Opposition [im Parlament, d.V.] als solche gerechtfertigt, wo Ehrgeiz und Stellensucht eintritt." (Hegel [1983b, S. 241f.]).

[22] Trotzdem ist ihm das oft unterstellt worden.

[23] KRIELE (1988, S. 326). Solche Theorien werden häufig in der Absicht aufgestellt, den Parlamentarismus zu diskreditieren. Man mißt die parlamentarische Wirklichkeit am Ideal der freien Diskussion, um dann herauszufinden, daß die Realität dem Ideal nicht entspricht. Damit ist dann der Parlamentarismus als Schein entlarvt. So verfährt etwa SCHMITT (1969).

Literatur

Badura, Peter: Parlamentarische Gesetzgebung und gesellschaftliche Autonomie, in: Das Recht in einer freiheitlichen Industriegesellschaft. Veröffentlichungen der Walter-Raymond-Stiftung Bd. 26. Köln 1988, S. 115–135.

Bernholz, Peter/Breyer, Friedrich: Grundlagen der politischen Ökonomie. 2., völlig neu gestaltete Auflage. Tübingen 1984.

Bernholz, Peter/Faber, Malte: Überlegungen zu einer normativen ökonomischen Theorie der Rechtsvereinheitlichung, in: Rabels Zeitschrift für ausländisches und internationales Privatrecht. 50. Jahrgang, Heft 1–2. Tübingen 1986, S. 35–60.

Buchanan, James M./Tullock, Gordon: The Calculus of Consent. Logical Foundations of Constitutional Democracy. Ann Arbor 1967.

Faber, Malte: Einstimmigkeitsregel und Einkommensumverteilung, in: Kyklos. Internationale Zeitschrift für Sozialwissenschaften. Band 26 (1973), S. 36–57.

Faber, Malte/Manstetten, Reiner: Rechtsstaat und Umweltschutz aus ökonomischer Sicht, in: Zeitschrift für angewandte Umweltforschung, herausgegeben von W. Erbguth et. al., Analytica Verlagsgesellschaft, Berlin, Jg. 3, Heft 4, S. 361–371.

Fetscher, Iring: Wieviel Konsens gehört zur Demokratie?, in: Guggenberger/Offe, S. 196–205.

Guggenberger, Bernd/Offe, Claus (Hrsg.): An den Grenzen der Mehrheitsdemokratie. Politik und Soziologie der Mehrheitsregel. Opladen 1984.

Gutmann, G., Klein, W. et al.: Die Wirtschaftsverfassung der Bundesrepublik Deutschland. Stuttgart New York 1979.

Habermas, Jürgen (1971): Strukturwandel der Öffentlichkeit. Neuwied und Berlin 1971^5.

Habermas, Jürgen (1973): Legitimationsprobleme im Spätkapitalismus. Frankfurt am Main 1973.

Habermas, Jürgen (1983): Ziviler Ungehorsam – Testfall für den demokratischen Rechtsstaat. Wider den autoritären Legalismus in der Bundesrepublik, in: Glotz, Peter (Hrsg.): Ziviler Ungehorsam im Rechtsstaat. Frankfurt am Main 1983, S. 29–53.

Harsanyi, J.C.: Modelle der rationalen politischen Entscheidung versus funktionalistische und konformistische Theorien, in: Frey/Pommerehne (Hrsg.): Ökonomische Theorie der Politik. Berlin Heidelberg New York 1979, S. 50–82.

Hegel, Georg Wilhelm Friedrich: Grundlinien der Philosophie des Rechts oder Naturrecht und Staatswissenschaft im Grundrisse (1821). Frankfurt am Main 1970.

Hegel, Georg Friedrich Wilhelm (!) (1983a): Philosophie des Rechts. Die Vorlesung von 1819/20 in einer Nachschrift. Herausgegeben von Dieter Henrich. Frankfurt am Main 1983.

Hegel, Georg Wilhelm Friedrich (1983b): Vorlesungen über Naturrecht und Staatswissenschaft. Heidelberg 1817/18 mit Nachträgen aus der Vorlesung 1818/19. Nachgeschrieben von P. Wannenmann. Herausgegeben von C. Bekker et al. Hamburg 1983 (= Wa).

Kant, Immanuel: Kritik der Urteilskraft, in: ders., Werke in sechs Bänden. Herausgegeben von Wilhelm Weischedel. Band IV. Darmstadt 1960.

Kelsen, Hans: Verteidigung der Demokratie, in: ders., Demokratie und Sozialismus. Ausgewählte Aufsätze. Herausgegeben von Norbert Leser. Wien 1967, S. 60–68.

Kriele, Martin (1977): Das demokratische Prinzip im Grundgesetz, in: ders., Legitimitätsprobleme der Bundesrepublik. München 1977, S. 17–47.

Kriele, Martin (1988): Einführung in die Staatslehre. Die geschichtlichen Legitimitätsgrundlagen des demokratischen Verfassungsstaates. 3., um ein Nachwort erweiterte Auflage. Opladen 1988.

Maier, Hans: Die ältere deutsche Staats- und Verwaltungslehre. 2. Auflage. München 1980.

Oberreuter, Heinrich: Parlamentarische Demokratie: Konsens und Konflikt. Zweifel an der Mehrheit? Manuskript eines Vortrags, gehalten im Februar 1989 bei einer Tagung der Konrad-Adenauer-Stiftung.

Rousseau, Jean-Jacques: Oeuvres complètes, ed. B. Gagnebin et M. Raymond. Vol. III. Bibliothèque de la Pléiade. Paris 1964.

Schmitt, Carl (1964): Die Diktatur. Von den Anfängen des modernen Souveränitätsdenkens bis zum proletarischen Klassenkampf. Dritte Auflage. Berlin 1964.

Schmitt, Carl (1968): Legalität und Legitimität. Zweite Auflage. Berlin 1968.

Schmitt, Carl (1969): Die geistesgeschichtliche Lage des heutigen Parlamentarismus. Berlin 1969.

Schwan, Alexander: Zweifel an der Mehrheit? Manuskript eines Vortrags, gehalten im Februar 1989 bei einer Tagung der Konrad-Adenauer-Stiftung.

Spaemann, Robert: Zur Kritik der politischen Utopie. Zehn Kapitel politischer Philosophie. Stuttgart 1977.

Gliederung

Unser Autor

Thomas Petersen, geboren in Heidelberg am 30. 10. 1953. Studium der Philosophie, Germanistik und Mathematik in Heidelberg und Berlin. Promotion zum Dr. phil. 1988. Ist derzeit Lehrbeauftragter für Philosophie an der Universität Heidelberg.

Kleine Reihe
der Walter-Raymond-Stiftung

Veröffentlichungen der Stiftung

Band 1: „Eigentum und Eigentümer
in unserer Gesellschaftsordnung",
1960, XII, 239 Seiten,
mit Beiträgen von GUSTAV GUNDLACH SJ, JOSEPH
HÖFFNER, OSWALD VON NELL-BREUNING SJ, HER-
MANN JOSEF WALLRAFF SJ, KLAUS VON BISMARCK,
WALTER KÜNNETH, ERNST STEINBACH, HEINZ-DIE-
TRICH WENDLAND, ARNOLD GEHLEN, WILLI GEI-
GER, GÜNTER SCHMÖLDERS, CLEMENS AUGUST AN-
DREAE
vergriffen

Band 2
und 3: „Der Mensch im Betrieb, Freiheit und
Persönlichkeit – Möglichkeiten und Grenzen",
1962, XI, 181 Seiten,
mit Beiträgen von EUGEN GERSTENMAIER, FRANZ
HENGSBACH, THEODOR LITT, KARL C. THALHEIM,
ARNOLD GEHLEN, OTTO ESSER, ADOLF SCHWARZ-
LOSE, PASCUAL JORDAN

1962, XI, 351 Seiten,
mit Beiträgen von LUDWIG VAUBEL, RALF DAH-
RENDORF, HANS PAUL BAHRDT, HUGO MÖLLER,
KARL VALENTIN MÜLLER, ARNOLD GEHLEN, WIL-
HELM HERSCHEL, BERNHARD HERWIG, DIETRICH
VON OPPEN.

Band 4: „Die Unternehmerische Verantwortung
in unserer Gesellschaftsordnung –
Tatbestand und Forderung",
1964, 344 Seiten und 1 Abbildung,
mit Beiträgen von HANS FREYER, ALWIN MÜNCH-
MEYER, ARNOLD GEHLEN, ERIC VOEGELIN, LUDWIG
VON FRIEDEBURG, GERHARD LEIBHOLZ, OTTO A.
FRIEDRICH, GUSTAV GUNDLACH SJ, WALTER BAU-
ER, RUDOLF WILHELM EVERSMANN, GERHARD ERD-
MANN, DIETER SCHÄFER, PAUL MERTENS, GÜNTER
SCHMÖLDERS

Band 5: „Wirtschaft und Schule,
Erfahrungen – Grundsätze – Empfehlungen",
1965, 352 Seiten,
mit Beiträgen von HELLMUT BECKER, CARL-HEINZ
EVERS, ein Lehrer aus der SBZ, FRITZ ARLT, HART-
MUT VOGT, HUGO MÖLLER, KARL STIEGER, HANS
BOHNENKAMP
vergriffen

Band 6: „Aufgaben und Stellung der Arbeitgeber-
und Arbeitnehmer-Organisationen
in der Bundesrepublik Deutschland",
1966, 204 Seiten und 1 Abbildung,
mit Beiträgen von SIEGFRIED BALKE, FRANZ DEUS,
JOSEF HERMANN DUFHUES, GERHARD ERDMANN,
FRITZ ERLER, HEINZ STARKE, WERNER WEBER
vergriffen

Band 7: „Mitarbeiten – Mitverantworten –
Mitbestimmen",
1966, 294 Seiten,
mit Beiträgen von ERNST-GERHARD ERDMANN,
HANS RAUPACH, GERHARD ZEITEL, HANS L.
MERKLE, EMIL KÜNG, WOLFGANG EICHLER
vergriffen

Band 8: „Leistungsbereitschaft –
Soziale Sicherheit – Politische Verantwortung",
1967, 256 Seiten,
mit Beiträgen von HANS THOMAE, HANS ACHIN-
GER, GERHARD ERDMANN, ROMAN SCHNUR, AR-
NOLD GEHLEN
vergriffen

Band 9: „Wirtschaft und Höhere Schule",
1968, 338 Seiten,
mit Beiträgen von HANS BOCKELMANN, FRITZ
EDELMANN, GERHARD TRAUTH, KURT SICH, ROLF
RODENSTOCK, HANS SCHEUERL, WILHELM HAHN,
GÜNTHER KLEMM, KARL-HEINZ GAASCH, FRANZ
EBNER, HANS-HERMANN GROOTHOFF

Band 10: „Unternehmer und Bildung" – Festschrift
zum 60. Geburtstag von LUDWIG VAUBEL,
1968, 152 Seiten,
mit Beiträgen von SIEGFRIED BALKE, HANS-HER-
MANN GROOTHOFF, ARNOLD GEHLEN, GÜNTER
SCHMÖLDERS, RUDOLF WILHELM EVERSMANN,
ROLF RODENSTOCK, GUSTAV STEIN, PETER K. TEM-
MING, WOLFGANG EICHLER, SIEGFRIED FASSBEN-
DER, HANS HELLWIG, HERMANN FRANKE, FRITZ
ARLT
vergriffen

Band 11: „Führung in einer freiheitlichen Gesellschaft",
1969, 272 Seiten,
mit Beiträgen von WERNER ERNST, LUDWIG BÖL-
KOW, HANNS MARTIN SCHLEYER, HERBERT WEH-
NER, WERNER WEBER

Band 12: „Eigentum – Wirtschaft – Fortschritt; Zur Ord-
nungsfunktion des privaten Produktiveigentums",
1970, 356 Seiten,
mit Beiträgen von WOLFGANG FÖRSTER, GISELHER
WIRSING, ERICH STREISSLER, THEODOR MULDER
SJ, F. WILHELM CHRISTIANS, WOLFGANG HERION,
HEINZ MARKMANN, THEODOR ESCHENBURG
vergriffen

Band 13: „Phänomen Sozialkritik – Objekt Wirtschaft"
XIII. Gespräch zwischen Wirtschaft
und Wissenschaft,
1971, 106 Seiten,
mit Beiträgen von OTTO A. FRIEDRICH, HEINZ-DIE-
TRICH ORTLIEB, HANS-JOACHIM SCHOEPS, GOTT-
FRIED BOMBACH, HORST RUPRECHT, GERHARD
STOLTENBERG, OTTO B. ROEGELE, JOHANNES
HIRSCHMANN SJ, RUDOLF WILHEM EVERSMANN
vergriffen

Band 14: „Wirtschaft und öffentliche Meinung",
1972, 308 Seiten,
mit Beiträgen von WOLFGANG R. LANGENBUCHER,

ARNOLD GEHLEN, JOACHIM H. KNOLL, ERWIN K.
SCHEUCH, ELISABETH NOELLE-NEUMANN, ERNST
TOPITSCH, RUDOLF WILHELM EVERSMANN
vergriffen

Band 15: „Orientierungen heute – Verbindlichkeiten
in Staat, Gesellschaft, Wirtschaft",
1973, 280 Seiten,
mit Beiträgen von HERBERT KREMP, GERHARD
SZCZESNY, ROMAN SCHNUR, HANS DIETRICH GEN-
SCHER, JOHANN PHILIPP FREIHERR VON
BETHMANN, DIETER SCHÄFER

Band 16: „Leistung und Wettbewerb –
Herausforderungen und Folgerungen",
1974, 340 Seiten,
mit Beiträgen von HEINZ-DIETRICH ORTLIEB,
WOLFGANG FÖRSTER, JOHANN HEINRICH VON
BRUNN, HANS-GÜNTHER ZEMPELIN, HERMANN JO-
SEF WALLRAFF SJ, PHILIPP HERDER-DORNEICH,
FRITZ ARLT
vergriffen

Band 17: „Solidarität und Leistung",
1978, 236 Seiten,
mit Beiträgen von HERMANN LÜBBE, ARTHUR F.
UTZ OP, PETER VON OERTZEN, RICHARD VON
WEIZSÄCKER

Band 18: „Bildung und Beruf",
1979, 282 Seiten,
mit Beiträgen von WALTER BRAUN, PETER GLOTZ,
ERWIN K. SCHEUCH, DIETER SPETHMANN, HANS-
HERMANN GROOTHOFF

Band 19: „Arbeit –
Existenzsicherung und Lebenswert",
1981, 295 Seiten,
mit Beiträgen von HERMANN LÜBBE, CARL AMERY,
WILHELM HENNIS, HANS-HEINRICH HATLAPA,
FRIEDRICH H. TENBRUCK

Band 20: „Elite – Zukunftsorientierung
in der Demokratie",
1982, 300 Seiten,
mit Beiträgen von WALTER RÜEGG, ERICH E. GEISS-
LER, ANKE FUCHS, RUDOLF SCHLENKER, MICHAEL
ZÖLLER

Band 21: „Pluralismus –
Legitimationsprobleme im Interessenwandel",
1982, 300 Seiten,
mit Beiträgen von ERNST TOPITSCH, KLAUS MUR-
MANN, LUDOLF HERMANN, HANS-JOCHEN VOGEL,
GERHARD DEIMLING

Band 22: „Sozialstaat –
Die Krise seiner Ethik",
1983, 317 Seiten,
mit Beiträgen von TYLL NECKER, CHRISTIAN
STARCK, MARTIN HONECKER, HERMANN JOSEF
WALLRAFF SJ, BERND GUGGENBERGER, PETER
BADURA

Band 23: „Arbeitsgesellschaft –
Wandel ihrer Strukturen",
1984, 276 Seiten,
mit Beiträgen von ODO MARQUARD, KLAUS LUFT,
HERBERT GIERSCH, CLAUS OFFE, FRITZ-HEINZ HIM-
MELREICH

Band 24: „Die Zukunft der Sozialen Partnerschaft"
1986, 270 Seiten,
mit Beiträgen von BURGHARD FREUDENFELD,
BRUNO S. FREY, BERND RÜTHERS, ERNST BREIT,
OTTO ESSER, JOSEF ISENSEE

Band 25: „Familie und Arbeitswelt"
1986, 338 Seiten,
mit Beiträgen von MAX WINGEN, FRIEDRICH FÜR-
STENBERG, GERTRUD HÖHLER, HEINZ LAMPERT,
EDMUND STOIBER, KLAUS MURMANN

Band 26: „Das Recht in einer freiheitlichen Industriegesellschaft"
1988, 228 Seiten,
mit Beiträgen von HANS GÜNTHER ZEMPELIN,
ROMAN HERZOG, JOSEPH H. KAISER, PETER
BADURA, KARL-ERNST SCHENK, KARL-HEINRICH
FRIAUF

Band 27: „Die Zukunft gestalten – Möglichkeiten und
Grenzen realpolitischen Handelns
1988, 266 Seiten,
mit Beiträgen von HANS GÜNTHER ZEMPELIN, HAS-
SO HOFMANN, ERHARD EPPLER, HANS KARL
SCHNEIDER, HELMUT SIHLER, GERHARD FELS

Band 28: „Arbeitszeit und Arbeitszeitflexibilisierung als Fak-
tor internationaler Konkurrenzfähigkeit – Ein Beitrag zur Standortdiskussion – "
1989, 112 Seiten,
mit Beiträgen von HANS GÜNTHER ZEMPELIN,
MANFRED LENNINGS, JOHAN CORNELIUS BLAN-
KERT, HELMUT RAUH, ÅKE THOMASSON, PETER
HASLER, TOSHIO A. SUZUKI, GERHARD FELS

Band 29: „Die modernen Medien und die Zukunft der Gesell-
schaft"
1990, 320 Seiten,
mit Beiträgen von HANS GÜNTHER ZEMPELIN, RU-
DOLF WILDENMANN, FRIEDRICH TENBRUCK, DA-
NIEL GOEUDEVERT, DIETER WEIRICH, DIETER STOL-
TE, WERNER E. KLATTEN, GOTTFRIED MAHREN-
HOLZ

Redaktion der Veröffentlichungen und der KLEINEN REIHE:
RA Arno Krüger
Dipl.-Soz. Wiss. Eckhard Metze

Geschäftsführung der Walter-Raymond-Stiftung
Gustav-Heinemann-Ufer 72, 5000 Köln 51
Tel. 0221/3795221